지구 수도원

"The Sacraments," "The Sanctuary," and "A Rabbit Noticed My Condition" *from Love Poems From God: Twelve Sacred Voices from the East and West* by Daniel Ladinsky, © 2002, and used with permission.

Material excerpted from ***Meister Eckhart's Book of the Heart*** © 2017, **Jon M. Sweeney and Mark S. Burrows** used with permission from Red Wheel/Weiser, LLC Newburyport, MA www.redwheelweiser.com.

Wendell Berry, "The Peace of Wild Things" from *New Collected Poems*. Copyright © 2012 by Wendell Berry. Reprinted with the permission of The Permissions Company, LLC on behalf of Counterpoint Press, counterpointpress.com.

Earth, Our Original Monastery: Cultivating Wonder and Gratitude through Intimacy with Nature
Copyright © 2020 by Christine Valters Paintner

All rights reserved.
No part of this book may be used or reproduced in any manner whatever without written permission except in the case of brief quotations embodied in critical articles or reviews.

Korean Translation Copyright © 2025 by Flight of Ideas
Korean edition is published by arrangement with Ave Maria Press, Inc. through BC Agency, Seoul.

이 책의 한국어판 저작권은 BC에이전시를 통해 저작권자와 독점계약한 생각비행에 있습니다. 저작권법에 의해 한국 내에서 보호를 받는 저작물이므로 무단전재와 복제를 금합니다.

지구 수도원

자연과의 친밀함을 통한
경이와 감사 수행하기

크리스틴 발터스 페인트너 지음
맹영선 옮김

생각비행

이 책은 마중물가치연구소가 선정해서 출판을 기획했으며,
메리놀수녀회에서 출판비를 후원하여 간행되었습니다.

내가 알고 사랑할 수 있는 특권을 누렸던
나의 반려견 선생들,
유리, 니키, 듀크, 툰, 윈터, 진저넛, 멜바, 시시, 소르니에게
이 책을 바칩니다.

일러두기

1. 본문의 성경 구절과 교회 문헌은 한국천주교주교회 홈페이지에 있는 성경과 한국천주교주교회의와 한국천주교중앙협의회에서 출판된 성경(2005)을 참조했다.
2. 원서에 저자가 단 미주를 확인하기 편하도록 'ㅇ'로 표기하여 각주로 바꿨다. 우리말로 번역된 책이 있는 경우 옮긴이가 서지사항을 첨부했다. 우리말 번역본이 있는 인용문은 내용을 참고해서 옮긴이가 새로 번역했다. 좀 더 자세한 설명이 필요한 경우에는 '●'로 표기하여 옮긴이 주를 덧붙였다.
3. 생몰 연도가 분명하지 않은 인물들은 생몰 연도를 표기하지 않았다.

그렇다면 나는 침묵과 가난과 고독이라는 선물을 찾아야겠다.
침묵과 가난과 고독 속에서는 하느님이 전부이기에…
내가 만지는 모든 것이 기도로 변하는 곳,
그곳에서는 하늘이 나의 기도이고,
새들이 나의 기도이고, 나무 사이로 부는 바람도 나의 기도이다.
하느님께서는 그 모든 것 안에 내재해 계시기 때문이다.

— 토머스 머튼, 《고독 속의 명상 Thoughts in Solitude》

누구도 새들로부터 미덕을 배우는 것을
우습게 생각하지 마십시오.
솔로몬이 우리에게 이렇게 가르치지 않았나요?
"너 게으름뱅이야, 개미에게 가서 그 사는 모습을 보고
지혜로워져라." (잠언 6, 6)

— 성 베다(Saint Bede Venerabilis), 《베다의 시대 The Age of Bede》

추천사

이 책의 출판을 준비하며 보낸 2025년 여름은 우리나라 기상 관측 이래 가장 더운 여름이었습니다. 우리나라만이 아니라 북반구의 대부분이 폭염에 휩싸였고, 이로 인한 산불과 가뭄, 홍수로 수많은 사람이 고통을 겪었습니다. 이미 2년 전 여름에 안토니우 구테흐스 유엔 사무총장은 지구온난화를 넘어 "지구열대화 Global boiling" 시대가 시작되었다고 경고했습니다. "끔찍하고 잔인한" 여름은 분명 인간의 책임이며, 이대로 간다면 인류는 자멸하게 될 것이라고 말입니다.

프란치스코 교황님은 이 긴급한 문제에 대한 가장 좋은 해결책이 '관상'임을 잊지 말아야 한다고 당부하셨습니다. 그리스도교의 오랜 전통인 관상이야말로 우리를 피상적이고 공격적이며 충동적인 소비자로 만드는 병적인 불안에 대한 치료제이며 해독제라고 하셨지요. 들에 핀 나리꽃이 어떻게 자라는지 지켜보라고 하셨을 때에 예수님께서 우리에게 가르쳐 주셨듯이, 관상을 통해 우리는 지금 이 순간이 하느님의 선물임을 깨닫고 매 순간 충만하게 살아가는 법을 배울 수 있습니다. (회칙 〈찬미받으소서〉, 226항 참조)

관상은 그저 아무것도 하지 않는 달콤함이 아닙니다. 관상은 모든 것이 하느님의 사랑 안에서 존재하고 그 사랑으로 서로 연결되어 있음을 깨닫게 하며, 창조세계의 아름다움만이 아니라 고통에도 마음을 열게 합니다. 관상은 우리를 행동하게 합니다. 관상은 우리 인간의 존재 방식이며, 인간은 관상적 존재이기 때문입니다. 부서진 세상과 우리의 마음을 치유하기 위해서는 삶의 관상적 차원을 회복해야 합니다.

이 책은 우리가 일상에서 관상을 수행할 수 있도록 차근차근 이끌어 줍니다. 관상을 배우는 장소, 곧 수도원으로서의 지구에 대해 성찰하는 일곱 개의 주제를 담고 있습니다. 각각의 주제 이야기는 이와 관련된 성인들 이야기, 성경 묵상 및 관상 수행에 도움이 되는 여러 작업으로 이어집니다. 단순히 책을 읽는 데 그치는 것이 아니라 각 장의 체험 작업과 예술 작업을 통해 관상을 수행할 수 있게 구성되어 있습니다.

이 책의 저자인 크리스틴 발터스 페인트너는 가톨릭 신자이며 영성 신학 박사로, 수도원 영성을 현대인들의 삶과 연결하는 작업을 해 오고 있습니다. 특히 베네딕토 영성과 사막 교부 영성, 켈트 영성을 중심으로, 수도자가 아닌 일반인들도 관상을 배우고 수행할 수 있도록 피정, 순례, 관상 모임, 독서 모임 등 다양한 프로그램을 이끌며 저술 활동도 활발하게 하고 있는 멋진 평신도 여성입니다. (신학자인 남편 존과 함께 운영하는 다양한 프로그램에 대해서는 저자 소개란에 자세하게 설명되어 있습니다.)

저자는 이 책을 개인이나 그룹 피정에 활용할 것을 제안합니다. 각 장의 내용을 그대로 담아 생태영성 피정으로 구성하면 훌륭한 피정 프로그램이 될 것입니다. 생태영성 피정에 대한 요구가 늘어가는 이때에 피정을 어떤 내용으로 만들어야 좋을지 고민하는 분들에게도 이 책은 좋은 참고서가 될 것입니다.

마중물가치교육연구소 소장
임선영

차례

추천사 8

들어가면서   13

1 — 지구, 최초의 성전(聖殿)   37
2 — 지구, 최초의 경전(經典)   71
3 — 지구, 최초의 성도(聖徒)   103
4 — 지구, 최초의 영적 지도자(靈的指導者)   135
5 — 지구, 최초의 성상(聖像)   175
6 — 지구, 최초의 성사(聖事)   213
7 — 지구, 최초의 전례(典禮)   243

나가면서   273

감사의 말씀   287
추천 도서 목록   289

들어가면서

지금 이 자리에 있는 수도자는
하느님의 모든 창조물과 올바른 관계를 완전히 회복한
새로운 창조의 삶을 살아야 합니다.
그래서
사막 교부가 길들인 사자 이야기와 같은 이야기들이 있는 겁니다.

— 토머스 머튼, 《사랑의 숨겨진 근거: 편지들 Hidden Ground of Love: Letters》

○ Thomas Merton, "Letter to Rosemary Radford Ruether," in *Hidden Ground of Love: Letters* (New York: Farrar, Straus, Giroux, 1985), 503.

그리스도교 전통의 풍요롭고 유익한 수많은 길 중에서, 수도 생활의 길이 가장 강하게 저를 끌어당깁니다. 빠른 속도와 소비주의와 산만함이 지배하는 우리 세계에서 좀 더 느리게, 좀 더 단순하게, 좀 더 주의 깊게 삶을 살라는 수도 생활로의 초대는 정말 귀중한 선물입니다. 관상 수행은 지구 파괴의 원인이 되어 버린 우리의 생활 방식에 대한 해독제를 제공하는 데 큰 도움을 줄 수 있습니다.

수도 전통은 자연과 친밀한 관계를 맺으라는 부르심에 그 뿌리를 두고 있습니다. 수도 생활의 길은 숲과 사막에서 태어났으며, 그곳은 광야나 야생과 같이 가장자리에 속하는 또 다른 장소로서 우리 내면의 현실을 반영합니다. 이런 가장자리로의 부르심, 즉 수도자로의 부르심은 야생으로의 부르심입니다. 야생으로의 이런 부르심은 익숙하고 정돈된 삶과 안전하고 확실한 삶을 넘어서야 한다는 것을 의미합니다. 자연은 우리에게 사물의 지저분함과 아름다움을 동시에 상기시킵니다. 우리 스스로 지저분해지면서 흙 속에서 놀 때 심오한 일이 일어날 수 있다고 자연은 말합니다.

영적 구도자이자 관상가로서 우리의 과업은, 모든 창조물이 거룩한 그물 안에 함께 엮여 있음을 보고, 그 진리를 살아가는 것입니다. 이런 사랑 깊은 행위로 우리는 찢겨 버린 거룩한 그물을 다시 엮기 시작하고, 흩어진 모든 것을 하나로 모읍니다. 관상 수행은 우리 세계를 치유하려는 존재를 불러내는 방법입니다.

이 책에서 제가 제안하는 중심 이미지는 지구를 우리의 원초적인 수도원, 즉 최초의 수도원으로 간주하는 것입니다. 지구는 우리가 가장 근본적인 기도를 배우는 곳이며, 이른 새벽 야생의 부르심을 듣고 새로운 날로 우리를 깨어나게 하는 곳입니다. 또한, 우리 주변에서 펼쳐지는 원초적인 찬양 전례에 참여하게 하고, 계절의 지혜와 인도를 체험하게 하는 곳이기도 합니다.

피정하러 가고 싶을 때, 가장 자주 저를 부르는 곳은 대부분 바다나 숲입니다. 제가 진행하는 피정 프로그램에 참여했던 사람들에게 어디에서 안식과 갱신 체험을 가장 많이 했는지 물어보면, 대부분이 자연 속에 있는 장소라고 대답합니다.

저에게는 창조세계의 모든 것이 깊은 자기-이해를 위한 촉매가 됩니다. 숲은 제게 다시 한번 진리를 받아들이라고 요청합니다. 벌새는 거룩한 과즙을 맛보라고 저를 초대하고, 백로는 제 날개를 펼치라고 합니다. 참새는 저의 사람들을 기억하라고 초대합니다. 솔방울 하나하나에도 깨달음이 담겨 있습니다. 매끄러운 돌멩이 하나

하나에도 계시가 담겨 있습니다. 태양이 하늘을 천천히 가로지르며 긴 호를 그리면서 떠올랐다 저물어 가는 모습을 지켜보면서, 저는 자신의 떠오름과 저물어 감을 발견합니다. 달은 매일 우리 눈앞에 세계를 드러냈다가 감추면서 조용한 기적을 노래합니다.

저는 무언無言의 순간들이 펼쳐져 있는 넓은 바다를 갈망합니다. 그 무언의 순간들은 다른 언어, 더 오래되고 원초적인 언어로 저 자신을 표현할 수 있게 해 줍니다. 저는 침묵의 제자가 되어, 그 반짝이는 바다의 소리 없는 고요함 속에서 속삭이는 분의 목소리를 듣고 싶습니다. 그분은 돌 속에서도 돌을 진동시키는 노래를 부르시며, 침묵 속에서 제가 아직 그 형태를 알지 못하는 어떤 급진적인 헌신을 불러일으키십니다.

우리 인간은 지구라는 매트릭스matrix에서 창발했습니다. 지구의 구조와 리듬은 우리 자신의 번영과 분리된 것이 아니라, 오히려 우리는 이 거룩한 성소聖所에서 발생했습니다. 지구는 우리 자신의 성장에 필수적입니다. 이 창조세계를 성스러운 공간으로 여기는 것, 그것이 바로 우리 존재의 기초입니다.

지구는 매 순간 생명을 지탱하는 위대한 생물권을 지니고 있으며, 우리에게 산소와 영양소를 제공합니다. 우리는 이 지구 그물에 얽혀 있습니다. 하지만 때때로 자신을 지구 그물에서 분리된 존재로, 즉 주체적인 참여자가 아닌 객관적인 관찰자로 간주하려는 유혹에 빠질 수도 있습니다.

들어가면서

미국의 생태학자이자 철학자인 데이비드 아브람 David Abram (1957~)은 저서 《동물이 되기: 지구의 우주론 David Abram, Becoming Animal: An Earthly Cosmology》에서 우리가 지구와 어떻게 연결되어 있는지에 대해 이렇게 설명합니다.

행성 지구의 이런 구조들은 인간 생명에 대해 외적으로 존재하는 것이 아니다. 즉 지구의 구조는 우연히 우리 인간이 거주하게 된 세계의 임의적이거나 무작위적인 측면이 아니라, 오히려 우리를 존재하게 하고 구성하게 해 주는 힘이다. 따라서 우리의 모든 행동에 대한 비밀스러운 조력자이며, 토템 신앙의 안내자이기도 하다. 지구의 구조는 우리 주변에 있는 만큼이나 우리 내면에도 존재한다. 우리의 몸은 더 넓고 깊은 생명의 한 부분을 구성하고 있다.°

매트릭스 matrix라는 단어의 어원은 라틴어 *mater*에서 유래하며, *mater*는 '어머니' 또는 '자궁'을 의미합니다. 매트릭스도 자궁처럼 무엇인가가 창발하거나 탄생하는 장場입니다. 이 책에서, 저는 지구가 바로 그런 매트릭스, 즉 우리 자신을 돌보는 능력이 발생하는 원

° David Abram, *Becoming Animal: An Earthly Cosmology* (New York: Knopf Doubleday, 2010), 77~78.

천이자 지속시키는 환경이라는 가정에서 시작합니다. 지구는 우리 몸이 성장하는 데 필요한 영양소를 육체적으로 가장 먼저 깊이 경험하게 하는 첫 번째 장소일 뿐만 아니라, 신성한 존재에 대한 의존성이라는 의미를 도출하게 하는 상징적 체험의 장소이기도 합니다. 매트릭스는 뿌리내리고 출산하는 장소입니다.

서론 서두에 있는 머튼의 인용문은, 어떤 형태의 관상이든 관상 생활이라는 체험을 갈망하는 모든 사람에게 나중이나 다른 때가 아닌 바로 지금 이 순간 새로운 창조를 살아야 할 것을 강하게 상기시킵니다. 이 순간에 주의를 기울이는 데 전념할 때, 우리는 거룩한 존재가 바로 지금 여기에서 활동하고 계심을 볼 수 있는 능력을 기를 수 있습니다. 우리 가운데 이미 "친족 세계kin-dom"°가 있으며, 그것이 사실인 것처럼 살아야 한다는 것을 발견합니다. 머튼은 수도자로서 자신이 해야 할 유일한 임무는 자연 세계와의 이런 친밀한 연결을 유지하고, 자연 세계가 자신의 스승이자 인도자가 되도록 받아들이는 것이라고 믿었습니다.

○ Ada Maria Isasi-Diaz, *Mujerista Theology* (New York: Orbis Books, 1996), 125. 이사시-디아즈는 책에서 왕국이라는 단어를 친족 세계라는 단어로 바꾸어 설명한다: "내가 '왕국'이라는 단어를 사용하지 않는 이유는 다음과 같다. 첫째, 명백히 하느님을 남성으로 가정하는 성차별적인 단어이기 때문이다. 둘째, 오늘날 우리 세계에서 왕국이라는 개념은 위계적이고 엘리트주의적이기 때문에, '통치'라는 단어조차 사용하지 않기 때문이다.", "'친족 세계'는 세계에서 하느님의 충만함이 일상적인 현실이 될 때, 우리는 모두 서로 친족이 될 것이라고 분명히 표현한다."

우리는 망각의 시대라고 부를 수 있는 시대에 살고 있습니다. 모든 것과의 관계에서 우리는 우리가 누구인지 잊어버렸습니다. 창조물과의 관계에서, 식물과 산, 숲과 바다와의 관계에서, 그리고 인간 사이의 관계에서, 심지어 자신과의 관계에서까지 우리가 누구인지 잊어버렸습니다. 우리가 버리는 모든 플라스틱, 땅과 물에 방출하는 모든 독성물질, 추출하는 모든 화석 연료와 함께, 우리는 망각이라는 안개 속에서 살아가고 있습니다. 관상 수행의 열매 중 하나는 우리의 **전체성**wholeness•을 기억하는 것입니다. 우리의 자아와 마음이 만들어 내는 분열과 분리를 넘어서야만, 우리가 모두 하나의 창조세계를 이루고 있다는 진리를 재발견할 수 있습니다.

신학자 더글러스 크리스티Douglas Christie는 주목할 만한 저서 《마음의 푸른 사파이어: 관상 생태론을 위한 노트The Blue Saphire of the Mind: Notes for a Contemplative Ecology》에서 관상 생활의 목적을 "존재의 가장 깊은 수준에서 존재를 괴롭히는 분열과 소외를 다루면서, 지속적인 수행을 통해 더욱더 통합된 다른 방식으로 세계에 존재함을 깨닫는 것"이라고 설명합니다.

여기, 존재의 불가피한 분열 속에서 관상가는 전체에 대한 비전과 전체와의 관계 안에서 새로운 삶의 방식을 회복하려고 합니

• wholeness는 온전함, 전체, 전체성, 총체성, 전일성 또는 분리될 수 없는 하나, 전부 다 등으로 번역될 수 있다. 이 책에서는 주로 '전체성'으로 번역했지만, 때에 따라 '전체' 또는 '온전함'으로도 번역했다.

다.° 이 책은 이런 회복을 위한 하나의 시도이며, 또한 기억을 되살리려는 초대입니다. 관상 수행과 현존 수행을 통해, 우리는 오래된 친족 관계에 대한 기억을 되살릴 수 있습니다. 우리는 내면에 있는 지혜로운 인식을 거룩한 기억으로 되살리라는 요청을 받고 있습니다. 우리는 자연이나 창조세계와 분리된 존재가 아닙니다. 동물적인 몸을 갖고 있지만, 우리는 내면에 자신을 위해 세심하게 구성한 계획을 넘어서는 야성적이고 직관적인 능력을 지니고 있습니다.

그리스도와 창조

그리스도교 전통의 핵심에는 하느님이 육肉이 되셨다는 육화에 대한 믿음이 있습니다. 육화는 예수님을 통해 특별한 방식으로 표현되었지만, 모든 창조물로 확장될 수 있습니다.● 하느님은 단 한 번만 육체로 되신 것이 아닙니다. 시간의 시작부터 신적 존재는 창조

○ Douglas Christie, *The Blue Sapphire of the Mind: Notes for a Contemplative Ecology* (New York: Oxford University Press, 2013), 36.

● 데니스 에드워즈 지음, 이다한 옮김, 《신앙의 중심에 있는 생태 환경》, 도서출판 작음, 2024. 115쪽을 참조하라. "육화 곧 육이 된다는 것의 의미는 인간에 국한되지 않는다. 하느님이 포용하신 육은 인간에만 한정되지 않는다는 뜻이다. 그것은 육을 지닌 생명이 서로 이어진 세계 전체를 포함하며, 어떤 면에서는 생물이 연관되어 의존하는 전 우주를 포함한다."

된 모든 것 속에서 활동했으며, 그 활동은 시간의 끝까지 계속될 것이라고 예수님은 가르치셨습니다.

예수회 사제이자 고생물학자인 떼이야르 드 샤르댕Pierre Teilhard de Chardin(1881~1955)은 저서 《신의 영역 Divine Milieu》에서 "창조와 육화 덕분에, 제대로 볼 줄 아는 사람들에게 여기 하늘 아래에 경이롭지 않은 것은 하나도 없다."°라고 썼습니다. 사실 하느님이 물질세계에 거하신다는 것은 우리 영성을 가장 실제적이고 세속적인 형태로 표현한 것입니다. 하지만 우리는 여전히 물리적 세계가 신성과 연결될 수 있는 정당한 장소라는 것에 대해 불안함과 모호함을 느끼고 있습니다.

예수님 당신도 자연과 자연의 원소들에 대해 친밀한 관계를 보여 주셨습니다. 존 클라센John Klassen, O.S.B은 환경 관리인 직분에 대한 성찰에서 이런 친밀한 관계를 강조합니다.

> 예수는 물, 빵, 물고기, 포도주, 빛, 공중의 새, 여우, 씨앗, 진흙 같은 창조된 것들을 사용하여, 창조물에 대한 놀라운 태도를 보여 준다. 예수의 비유는 창조된 우주의 가치와 자연의 신뢰성을 당연하게 여겼음을 보여 준다. 계절의 반복, 씨를 뿌리고 수

○ Pierre Teilhard de Chardin, *Divine Milieu* (New York: Harper & Row, 1960), 30. (삐에르 떼이야르 드 샤르댕 지음, 이문희 옮김, 《신의 영역》, 분도출판사, 2010, 40쪽)

확하는 정상적인 패턴, 포도를 심고 돌보는 과정, 구름의 형태를 보고 비가 내릴 것을 예측하는 것 등은 모두 예수가 자연 세계를 어떻게 인식했는지를 보여 준다. 자연 세계는 하느님의 통치가 실현되는 무대이며, 모든 차원에서 하느님에 대한 신앙이 실현되는 곳이다.○

클라센이 설명하기 시작한 개념은 바로 **만유재신론**panentheism● 입니다. 만유재신론이라는 단어는 그리스어에서 유래했습니다. 즉 '모든 것'을 의미하는 **pan**, '안에'를 의미하는 **en**, 그리고 '신'을 의미하는 **theos**가 결합한 것입니다. 만유재신론은 "모든 것 안에 계시

○ Quoted in Steven Chase, *Nature as a Spiritual Practice* (Grand Rapids, MI: Wm. B. Eerdmans, 2011), 80.
● 만유재신론(萬有在神論)은 만물에서의 신의 초월성과 내재성을 주장함으로써 범신론(汎神論)과 유신론(有神論)을 종합하려는 하느님 이해이다. 신과 세계의 관계에 대한 전통적인 유신론의 견해와는 다른 견해를 설명하기 위해 근대에 만들어진 단어다. 여러 형태의 유신론에서 강조되는 '신과 세계의 분리(separateness)'와는 대조적으로, 세계의 모든 것이 신 안에 포함되어 있음을 강조한다. 만유재신론은 신의 내재성, 즉 내재적 현존을 강조하므로, 넓은 의미에서 변형된 유신론이다. 범신론이 신과 세계의 동일성을 강조하는 데 비해, 만유재신론은 세계가 신의 안에(in) 포함되어 있지만, 신은 세계 안에 있으면서 그 세계보다 더 크고 위대한 세계 이상의 존재라고 주장한다. 대부분(토마스 베리, 매튜 폭스, 레오나르도 보프, 샐리 맥페이그, 로즈메리 래드퍼드 류터 등)의 생태신학자가 만유재신론을 주장한다. 프란치스코 교황도 회칙 〈찬미받으소서〉의 '지구를 위한 기도' 첫 부분에서 이렇게 선언한다. "전능하신 하느님, 당신은 가장 작은 피조물 안에 계시나이다." 이 책의 저자 역시 만유재신론이라는 하느님 이해를 기반으로 서술하고 있다.

는 하느님, 우리가 보는 모든 것에 스며들어 계시는 하느님"을 의미합니다. 이것은 "모든 것이 신"이라는 의미의 **범신론**pantheism과는 다릅니다. 하느님은 모든 것 안에 계시지만, 또한 전적으로 타자他者이기도 합니다. 하느님은 내재적이면서 초월적이십니다. 예수님이 자연 세계를 포옹한 것은 이런 만유재신론적 세계관을 반영합니다.

이 책의 개요

이 책에서 저는 지구를 "소문자earth"가 아니라 "대문자Earth"로 표기했습니다. 우리는 보통 다른 모든 행성, 즉 수성, 금성, 화성, 목성, 토성 등은 대문자로 지칭하지만, "지구"는 소문자로 표기합니다. 이것은 매우 흥미롭습니다. 또한, 우리는 종종 자연을 언급할 때, 인간을 제외한 그 무엇으로 지칭하는 경향이 있습니다. 우리 자신을 제외한 그 무엇임을 의도적으로 강조하려는 것입니다. 우리는 인간이 자연에 속해 있고, 자연의 한 부분으로 그 안에 엮여 있는 존재임을 인정하지 않는 경우가 상당히 많습니다. 인간을 자연을 넘어서는 존재로 보는 것입니다.

이 책의 전체적인 주제는 지구가 원초적인 수도원이며, 관상 수행의 원초적인 스승이라는 것입니다. 각 장에서는 이런 기본 이미지를 더 펼쳐서 구체적인 측면에서 탐구함으로써 이 주제를 확장하려 합니다. 예를 들면 지구를 최초의 성전, 최초의 경전, 최초의 성도, 최초의 영적 지도자, 최초의 성상, 최초의 성사, 최초의 전례 등으로 탐구하는 방식입니다.

각 장은 비슷한 패턴을 따릅니다. 즉 전체 주제를 성찰하면서, 창조세계와 인간의 친족 관계를 보여 준 그리스도교 성인 이야기로 시작합니다. 그다음에는 제가 제안하는 수행과 제 남편인 존John Valters Paintner의 성경 구절 묵상이 이어집니다. 그다음 주제를 더 깊이 있게 탐구하고 체험으로 통합하기 위한 일련의 체험 탐구가 이어집니다. 체험 탐구에는 묵상, 관상 산책으로의 초대(다음 소제목 내용 참조)와 허브 작업(그다음 소제목 내용 참조), 그리고 시각 예술 체험과 글쓰기 체험 등이 포함됩니다. 각 장에는 이 자료를 가지고 온라인과 오프라인 피정 프로그램에 실제로 참여했던 분들이 쓴 시와 기도문이 포함되어 있습니다. 또한, 각 장은 그분들이 쓴 축복 기도로 마무리됩니다.

제가 쓴 책들 대부분과 마찬가지로, 이 책도 처음부터 끝까지 그저 단순히 읽기만 하는 것은 권유하지 않습니다. 각 장은 일주일, 또는 심지어 한 달에 걸쳐 진행할 수 있는 작은 피정과 같습니다. 사람이 많으면 소그룹으로 나누어 각 장을 함께 진행하면서, 정기적으로 만나 깨달음의 과정을 나누십시오. 또한, 다른 사람과 함께 작업하고 싶어 하는 개인을 지원하기 위해 웹사이트에서 온라인 체험도 제공하고 있습니다.

체험 탐구는 묵상에서 시작해서 관상 산책, 허브 작업, 시각 예술 창작, 그리고 글쓰기로 이어지는 순서를 제안합니다. 하지만 자신의 성향과 기호를 확실하게 믿고서 강하게 끌리고 영감을 느끼는 체험에서 시작하는 것도 좋습니다. 또한, 여러 가지 이유로 시도하는 데 저항감을 느끼는 그런 체험에도 가능하면 시간을 할애하는 것이 중요합니다. 우리는 종종 편안함과 불편함의 경계에서 부드럽게 춤을 추면서 자신에 대해 많은 것을 배우게 됩니다.

체험은 천천히 진행하도록 설계했습니다. 시간을 충분히 가지면서 각 체험을 차근차근 진행할 수 있지만, 실제로 시도해 보기를 적극적으로 권장합니다. 변화를 위한 여정은 책을 읽는 것만으로는 한계가 있습니다. 자연 속에서 몸을 움직이며 그 세계와 교감하고 주의를 기울일 때, 우리는 책 속의 단어로 접하는 것과는 전혀 다른 만남을 체험하게 됩니다. 자연 세계라는 책의 단어들은 당신의 중요한 스승이 되고, 그 단어들은 또한 성경 말씀을 경청하기 위한 지원 시스템으로 작동합니다.

추가로 저는 주로 표현예술을 통한 작업을 하는데, 표현예술에서는 결과물보다 과정이 더 중요합니다. 다양하게 창의적 방식으로 참여하는 것은 새로운 방식으로 사물을 다시 볼 수 있게 하는 역할을 합니다. 창조물과 함께 협력하여 창작 활동을 하는 것은 우리를 더 깊은 친밀함과 새로운 관점으로 세계를 볼 수 있게끔 인도합니다. 모든 시각 예술 체험은 자연의 재료들을 활용합니다. 시 쓰기 체험은 다른 사고방식을 갖도록 우리를 초대합니다. 허브 작업은 식물과의 관계를 다르게 맺도록 요구하는데, 식물을 우리의 동반자로서 존중하고 식물이 우리 삶에 선물하는 치유를 인정하는 방식입니다.

관상 산책

매일 시간을 내서 집 밖으로 나가 산책하기를 권합니다. 이를 실행하는 하나의 방법은 의도적이고 경건한 마음으로 관상 산책을 하는 것입니다. 나무와 덤불과 꽃, 다람쥐와 비둘기와 까마귀 등과 가까이 접촉하며 자연 속으로 우리 몸을 내보내는 일은 우리를 활기차게 하고 삶에 대한 새로운 관점을 제공하는 그 무엇이 있습니다. 예레미야서에서, 하느님은 "내가 하늘과 땅을 가득 채우고 있지 않느냐?"(예레 23, 24)라고 말씀하십니다. 관상 산책은 그 진리를 실제로 체험하는 시간입니다.

관상 산책은 느리게 걷는 것만을 의미하지는 않지만, 그 본질은 서두르지 않는 활동입니다. 관상하면서 걸을 때, 우리는 그 체험에 몰입하게 됩니다. 관상 산책은 체력을 기르기 위해 걷는 것이 아닙니다. 당신을 부르는 것이 무엇이든지, 그 순간 그 만남에 몰입하기 위해 걷는 것입니다.

관상 산책을 시작할 때 잠시 시간을 내어 호흡을 가다듬고 당신 가슴과 연결하십시오. 이 시간 동안, 최대한 현재에 충실하기 위해 당신의 내면과 외면에서 일어나는 모든 일에 주의를 기울이겠다는 의도를 세우십시오. 걷기 시작하면서, 어떤 기대나 목적을 내려놓을 수 있는지 확인하십시오. 걷는 동안, 당신 발걸음이 땅을 축복하고 동시에 땅으로부터 축복을 받는다고 상상해 보십시오. 호흡을 길게, 그리고 천천히 하십시오. 당신의 주변 모든 곳에 있는 지구 수도원에 의식을 집중하십시오.

주위를 둘러보며, 무엇이 당신 주의를 끄는지 관찰하십시오. 반짝이는 것들, 또는 일본의 하이쿠 시인 바쇼松尾芭蕉(1644~1694)가 '밑바닥에서 반짝이는 것을 흘끗 보기'º라고 읊었던 것을 찾아보십시오. 주변에서 들리는 생명의 소리에 귀를 기울이십시오. 도시에서 걷고 있다 하더라도 바스락거리는 바람 소리나 깍깍거리는 까마귀 울음소리, 또는 어떤 다른 창조물의 미세한 요소가 각자 자기의 노래를 어떻게 부르고 있는지, 그 소리에 주의를 기울이십시오.

정기적으로 잠시 멈춰 서서 이런 선물들을 단순히 받아들이십시오. 숨을 깊이 들이마시면서, 그것이 당신 마음속에 자리 잡아 여유

º Quoted Phil Cousineau, *The Art of Pilgrimage* (Newburyport, MA: Conari Press, 2012), xxi.

를 가질 수 있도록 하십시오. 그다음 다른 무언가가 당신 걸음을 멈추게 할 때까지 계속 걸으십시오.

이것이 관상 산책 수행의 전부입니다. 단순히 걷고 듣고 잠시 멈추는 것입니다. 현존 수행을 함으로써, 우리는 자연이 이야기하는 소리를 진정으로 듣는 능력을 기를 수 있습니다. 이것은 매우 간단하게 들리지만, 이런 기술을 개발하기 위해 우리는 시간을 내는 일이 매우 드뭅니다.

각 장에 따라, 그 장의 특정 주제와 더욱 밀접하게 연결된 관상 산책을 할 수 있도록 염두에 두어야 할 초점을 제안할 것입니다.

허브 작업하기

지난 몇 년 동안 저는 허브의 아름다움과 그 효능에 점점 더 깊이 빠져들었습니다. 이런 끌림은 대학원에 재학 중이던 때, 12세기 독일 베네딕토회 수녀이자 치유자였던 빙엔의 성 힐데가르트 St. Hildegard of Bingen(1098~1179)의 글을 접하면서 시작되었습니다. 힐데가르트는 저를 수도 생활의 길과 창작의 길로 이끈 인도자이자 멘토가 되었습니다. 힐데가르트 자신이 허브 전문가였습니다. 중세 시대 수도원들은 대부분 신성한 전통 의학의 수호자 역할을 했고, 수도원 울타리 안 중심에는 허브 정원이 자리 잡고 있었습니다.

아일랜드로 이주한 것은 제 삶에 많은 선물을 가져다주었습니다. 시애틀에 살 때도 허브에 관심이 있어서, 소규모로 허브 재배를 시도해 보기는 했습니다. 아일랜드에서 사는 지금, 제가 사는 곳 근처에 계시는 훌륭한 허브 전문가 두 분과 함께 허브 공부를 하고 있습니다. 식물들이 주는 선물은 정말 경이롭습니다.

아마도 가장 큰 선물은 순례단과 함께 봄철에 여기저기 돌아다니면서 자연이 주는 풍요로운 관대함을 발견하는 것일 듯합니다. 여기에는 산사나무꽃, 민들레, 데이지, 앵초, 질경이, 쐐기풀 등이 포함됩니다. 가을철에는 자두, 엘더베리, 산사나무 열매가 우리를 기다리고 있습니다. 이 모든 열매는 지구가 주는 선물이며, 이로부터 무언가를 만들어 낸다는 것은 정말 멋진 일입니다. 저는 열매 수확 후 일주일이 지나기 전에 우리 모임 구성원들과 함께 나누기 위해 종종 차나 시럽의 형태로 무엇이든 최소한 하나는 만들어 보려고 노력합니다. 이런 작업은 땅이 주는 선물을 받아들이는 구체적인 체험이 됩니다.

골웨이에 있는 아파트 안뜰patio에도 허브 상자를 만들어, 허브를 재배하기 시작했습니다. 첫해에는 로즈메리, 오레가노, 타임, 세이지, 스피어민트, 차이브와 라벤더를 길렀습니다. 이들이 밖에서 바람을 맞으면서도 겨울을 잘 보냈기 때문에, 다음 해 여름에는 레몬밤, 쑥, 익모초, 세인트존스워트를 추가했습니다. 이번 여름에는 서양톱풀, 회향, 서양 당귀, 서양 선칼퀴, 야생 딸기를 추가해 재배했습니다. 저는 허브잎을 말려서 차를 만들기도 하고, 일부 허브는 향으로 사용하기 위해 몇 개를 묶기도 하고, 입욕제를 만들어서 목욕할 때 사용하기도 합니다.

식물 재료를 다양한 방식으로 다루는 작업에 당신을 초대합니다. 향뿐만 아니라 의례용 차, 도유塗油용 기름 등 여러 가지 방법으로 허브 식물을 활용할 수 있습니다. 항상 경이로움과 감사함이라는 마음으로 시작하기를 권합니다. 식물을 당신의 동맹자로, 영적 여정의 동반자로, 그리고 너그러우신 창조주의 선물로 바라보십시오. 힐데가르트뿐만 아니라, 성스러운 이 약초들을 지켜온 수호자이며 몸과 영혼을 치유했던 모든 시대 모든 수도자의 영혼에게 도움을 청할 수도 있습니다.

이 피정에 사용되는 모든 허브는 흔히 볼 수 있고, 몸에 영양을 공급하며, 수천 년은 아닐지라도 수백 년 동안 사용되어 온 것들입니다. 이 책에서 만들도록 초대받은 허브 제품을 만들기 전에, 건강 상태에 문제가 있거나 약물을 복용 중이거나 질환이 있어 우려되는 경우에는 반드시 의사와 상담하시기 바랍니다.º

○ 말린 허브는 지역의 건강식품이나 허브 전문점에서 찾을 수 있다. 미국에서는 마운틴 로즈 오가닉(Mountain Rose Organics)에서 온라인으로 주문할 수 있는 고품질 허브를 제공한다. 영국에서는 닐스야드 레머디스(Neal's Yard Remedies)에서 온라인으로 허브를 판매한다.

경이의 전망

허브 당신들은 너무 다양해서,
내 영혼의 감정을 말로는 다 표현할 수 없어요.
열정의 보라빛 라벤더, 강인한 로즈메리, 거룩한 히솝(우슬초)이여!
내 모든 감각이 당신들의 선물을 마음껏 즐겨요!
치유와 각성, 위안과 놀이를 위한 선물,
잠 못 이루는 밤을 편안하게 해주는 라벤더여!
별처럼 터지는 빛나는 씨앗이 기쁨으로 폭발하네요!
당신들이 관대하게 제공하는 그 모든 것을
나는 겸손하게 받아들여요.

– 린다 스미스(Linda smith)

사랑에 빠지다

저는 《물, 바람, 흙과 불: 자연의 원소들을 이용한 기도라는 그리스도교 수행 Water, Wind, Earth, and Fire: The Christian Practice of Praying with the Elements》이라는 책에서 캐나다 가톨릭 주교단이 지구와 우리의 관계, 그리고 우리의 책임을 주제로 발표한 사목 서한을 언급했습니다.° 캐나다 주교들은 예언의 길과 금욕의 길과 관상의 길이라는 주요한 세 경로를 설명했습니다.

예언의 길은 정의를 위해 일하고, 지구 파괴를 초래한 생활방식을 변화시키고, 빈곤과 오염 사이의 연결 고리를 인식할 것을 요구합니다. 금욕의 길은 지구에서 더욱더 단순하고 가볍게 사는 방법을 식별하고, 플라스틱과 살충제와 화석 연료의 사용을 줄여 가는 실천을 요구합니다. 관상의 길은 이 책의 글쓰기에서 제가 집중하는 길이며, 제가 부르심을 받은 삶의 길입니다.

관상의 길에서 우리는 지구와 지구의 창조물들과의 친밀함을 기르고, 자연과 사랑에 빠질 수 있도록 자신을 허락합니다. 현재 우리가 직면한 환경 위기를 해결하기 위해서는 자연과의 친밀함과 자연을 소중하게 여기는 법을 배워야 합니다. 그리고 이것은 사랑 없이는 불가능하다는 것이 저의 깊은 믿음 중 하나입니다.

문화 평론가인 찰스 아이젠스타인Charles Eisenstein은 이렇게 말합니다.

기후변화는 자연과 문명 간의 관계에서 혁명을 예고한다. 하지만 이 혁명은 끝없는 성장 프로그램을 개발하여 더 효율적으로 전 세계 자원을 분배하려는 혁명이 아니다. **이 혁명은 사랑의**

---

o Christine Valters Paintner, *Water, Wind, Earth, and Fire: The Christian Practice of Praying with the Elements* (Notre Dame, IN: Ave Maria Press, 2010), 9~10.

혁명이다. 숲을 다시금 성스러운 것으로 인식하고, 맹그로브 숲과 강, 산과 산호초 등 그 모든 것을 하나하나 다시 성스러운 것으로 여기며 사랑하는 것이다. 이 혁명은 그들 존재 자체를 사랑하는 것이다. 단순히 기후에 도움이 되기 때문에 그들을 보호하려는 것이 아니다.○

성경과 신비주의자들이 제공해 주는 위대한 지혜와 가르침을 통해, 우리는 모든 것의 성스러움을 기억해야만 합니다. 모든 창조물 속에 현존하시는 하느님을 진지하게 받아들이는 육화 신학을 살아가야 합니다. 오직 이런 사랑의 자리에서만 우리 마음이 변화되고 새로운 존재 방식이 나타날 것입니다.

이 책은 당신을 창조세계와 사랑에 빠지게 하고, 그곳에서 영감을 얻도록 초대합니다.

○ Charles Eisenstein, "Why the Climate Change Message Isn't Working," in *YES! Magazine* online, January 4, 2019. emphasis mine, https://www.yesmagazine.org/planet/why-the-climate-change-message-isnt-working-20190104.

1

지구,
최초의 성전

하느님의 발은 참으로 광대해서
이 지구 전체는 그저 하느님 발아래 놓인
들판이라 할 수 있어요.
이 세계의 모든 숲은
하느님의 머리카락 한 올이라는
그저 그 한 뿌리에서 비롯된 거예요.
그렇다면 어디인들 거룩한 장소가 아니겠어요?
하느님의 현존으로 거룩하게 된 그 모든 성전에서 무릎 꿇고
제가 기도드리지 않을 수 있을까요?

— 시에나의 성 가타리나(1347~1380), 〈거룩한 장소〉°

○   Quoted in Daniel Ladinsky, trans., *Love Poems from God: Twelve Sacred voices from the East and the West* (New York: Penguin Books, 2002), 205.

　단체 피정에서 프로그램을 진행할 때, 우리는 가끔 수다라고 불리는 간단한 '스토리텔링' 의식儀式으로 시작합니다.° 이 의식에서는 참가자들이 짝을 이루어 제가 제시하는 단어에 관해 1분 동안 각자의 이야기를 합니다. 수다라 불리는 이 의식은 즉흥적이며, 그 순간 떠오르는 것을 그냥 알아차림이 주목적입니다. 예를 들어 제가 레몬, 산, 늑대, 보라색과 같은 단어를 제시하면, 사람들은 그 순간 자신에게 떠오르는 이야기를 나누는 것입니다. 또한, 마지막에는 참가자들에게 종종 자신의 안식처가 되는 장소를 떠올려 보라고 요청합니다. 사람들이 자신이 떠올린 안식처를 설명할 때, 종종 그 방 안의 에너지가 변화하는 것이 확실하게 느껴집니다. 사람들 대부분이 자연 속의 어떤 장소를 묘사합니다.
　영국의 생물학자 콜린 터지Colin Tudge(1943~)는 나무에 관한 책

° 　이 연습에 대한 좀 더 자세한 내용은 Interplay.org를 참조하십시오.

에 이렇게 썼습니다. "레드우드와 너도밤나무 숲은 종종 거대한 대성전의 회중석會衆席에 비유된다. 그 숲의 고요함과 초록색으로 여과된 성스러운 빛 때문이다. 수많은 줄기를 가진 보리수 한 그루는 마치 사원이나 모스크의 살아 있는 열주列柱(줄지어 늘어선 기둥)와 같다. 하지만 이 은유는 사실 그 반대가 되어야 한다. 대성전과 모스크가 나무를 모방한 것이다. 나무는 본래 거룩하다."° 다음에 숲에 가게 되면, 숲이라는 그 공간을 원초적인 교회나 최초의 교회 중 하나로 상상해 보십시오. 그 숲은 수천 개의 성스러운 다른 공간을 창조하는 데 영감을 준 성스러운 장소입니다. 나무들로 이루어진 대성전에 앉아 있는 자신을 상상할 때, 거룩함을 찬양하는 나무들과 함께 그 숲에 머무를 때, 당신 몸에서 어떤 감각의 변화가 일어나는지 주목하십시오. 그 숲에 계신 하느님의 현존과 일치하기 위해 잠시 멈추고 천천히 움직이십시오. 우리가 건축한 대성전들은 수천 년 동안 나무들이 이미 만들어 왔던 이런 성스러운 공간을 반영한 것입니다.

5세기 성 패트릭St. Patrick에 관한 몇몇 이야기는 그가 아일랜드에서 노예로 지내던 초기에 야외에서 기도하는 법을 배우기 시작했으며, 계속 숲과 산에 머물면서 그 성스러운 공간에 대한 응답으로

° Colin Tudge, *The Tree: A Natural History of What Trees Are, How They Live, and Why They Matter* (New York: Three Rivers Press, 2005), xvii.

끊임없이 기도했다고 들려줍니다. 켈트 전통에서는 하늘과 땅이 서로 맞닿아 있는 '**희미한 공간**thin places'이라는 개념을 아주 중요하게 여깁니다. 제가 지금 살고 있는 아일랜드의 경관에는 거룩한 우물과 성스러운 산과 석조 유적 등 수백 개의 성스러운 공간이 여기저기 흩어져 있습니다.

아시시의 성 프란치스코St. Francis of Assisi(1181~1226)는 아마도 우리가 자연의 아름다움에서 위안을 느끼는 방법을 연결하려 할 때 가장 먼저 떠오르는 성인일 것입니다. 프란치스코는 자신이 너무나 사랑했던, 인간을 넘어서는 자연이라는 더 큰 세계 속에 교회를 세웠습니다. "때때로 프란치스코는 별빛이라는 촛불 아래에서 설교했다. 종종 길가를 따라 자생한 울창한 회랑 같은 나무들이 그의 성전이었고, 푸른 하늘은 그와 하늘 사이의 유일한 지붕이었다. 종종 그의 성가대는 나뭇가지에 앉은 형제 새들이었고, 그의 회중은 형제 짐승들의 무리였다."º

들판과 숲, 산과 해안선은 프란치스코가 하느님께 경배드리고 하느님과의 친밀함을 발견하던 장소였습니다. 프란치스코는 새들에게 설교한 것으로 유명하며, 하느님의 선물인 자연의 원소들을 기리는 기도문을 쓴 것으로도 잘 알려져 있습니다.

º   Abbie Farwell Brown, *The Books of Saints and Friendly Beasts* (New York: Houghton, Mifflin & Co., 1900), 83.

피오레의 요아킴Joachim of Fiore(1135~1202)은 12세기 이탈리아의 시토회에 속한 신비주의자로서, 아마도 성 프란치스코에게 상당한 영향을 끼친 분으로 추정됩니다. 요아킴 또한 종종 야외에서 예배를 드린 것으로 널리 알려져 있습니다. 요아킴은 예배를 주례하다 구름이 걷히면 "태양에 경의를 표하고 **오소서, 창조주시여**Veni Creator를 노래하며, 회중을 이끌고 빛나는 풍경을 보기 위해 나갔다."°라고 전해집니다.

그리스도의 육화를 진지하게 받아들일 때, 우리는 실제로 어디에나 거룩함이 존재함을 발견하게 됩니다. 교회라는 공간은 아름답고 성스러우며, 신적인 현존을 불러일으키는 중요한 모임 장소를 제공하지만, 자연은 그보다 더 원초적인 대성전과 교회를 우리에게 제공합니다. 나무 사이를 걸으면서 우리의 눈과 마음을 열면, 우리는 거기에서 광휘光輝를 발견하게 됩니다.

떼이야르 드 샤르댕은 이렇게 썼습니다. "모든 창조된 것을 통해, 예외 없이 신성은 우리를 둘러싸고 침투하여, 우리를 빚어낸다. 우리는 신성을 우리에게서 멀리 떨어져 있고 함부로 다가가 접촉하기 어려운 것으로 상상했지만, 사실 우리는 그 불타오르는 층 속에 잠겨서 흠뻑 젖어 살고 있다. '우리는 그분 안에 살고 있다.'

○ Edward Allworthy Armstrong, *Saint Francis: Nature Mystic: The Derivation and Significance of the Nature Stories in the Franciscan Legend* (Berkeley: University of California Press, 1973), 30.

(……) 습관적으로 신성과 연관이 없다고 여기는 장소를 대하듯 우리가 지루함과 무례함으로 대했던 이 세계, 이 눈에 보이는 세계는 사실은 거룩한 곳인데, 우리는 그것을 알지 못했다."° 우리가 살고 있는 이 세계는 '사실 거룩한 곳'입니다. 우리의 임무는 이런 사실을 기억하고, 숲과 언덕이 우리 가슴에 성소라는 감각을 불러일으킬 방법에 대한 인식을 키우는 것입니다. 우리가 성당과 교회를 더럽히고 훼손하지 않는 것처럼, 지구와의 이런 친밀한 유대감을 더 많이 키우면 키울수록 어떤 대가를 치르더라도 지구를 보호해야겠다는 영감을 더 많이 받을 것입니다.

지리-전기地理-傳記와 원형적인 풍경

원형적인 풍경은 문화와 시대를 초월하여 사람들에게 관심이나 생각을 불러일으키는 의미 있는 공간입니다. 원형적인 풍경이라는 존재는 살고 있는 풍경에 의해 우리가 형성된다는 사실을 인정하며, 어떤 풍경이 다른 풍경보다 우리 가슴에 더 명확하고 깊이 있는 울림으로 다가온다는 것을 보여 줍니다.

○ Piere Teilhard de Chardin, *Divine Milieu* (New York: Harper & Row, 1960), 83. (이문희 옮김,《신의 영역》, 104쪽)

어떤 사람에게는 숲이 창조의 위대한 대성전으로서 그들을 부르는 곳일 수 있습니다. 다른 사람에게는 산꼭대기가 영적 초월이라는 체험을 제공하는 정점일 수 있습니다. 또 다른 사람에게는 바다가 그들의 마음을 부르는 성전일 수도 있습니다. 바다는 앞으로 밀려왔다가 뒤로 물러나며 파도라는 리듬을 제공하면서 우리 가슴을 흔들고, 땅과 만나는 그 풍요로운 공간(갯벌)에 신성한 터전을 창조합니다.

성경에는 산꼭대기와 동굴, 호수와 강과 바다 등에서 이루어졌던 거룩한 만남에 관한 이야기가 가득합니다. 사막의 부르심에 영감을 받은 아일랜드 수도자들은 야생의 장소에서 고독을 찾고 하느님과의 근본적인 친밀함을 체험하기 위해 광야로 나갔습니다.

개인적으로 중요한 의미가 있는 풍경을 기억하는 것은 원초적인 성스러운 공간으로서 창조세계와 더 깊고 친밀하게 연결되는 방법의 하나입니다. 예술 치료사 피터 런던Peter London은 이것을 '지리-전기geobiographies'라고 묘사합니다. '지리-전기'는 우리 영혼 풍경의 내면 윤곽을 나타냅니다.

지구가 취하는 위대한 형태들, 즉 산과 언덕, 평원과 계곡, 목초지와 초원, 늪과 습지, 사막과 숲, 정글과 사바나, 해변과 섬 등 이런 각 지형을 우리는 시간과 환경에 따라 자신의 개인적인 여정을 담은 지리-전기로 변형시킨다. 우리도 일어나서 올라갔다가 떨어진다. 그리고 다시 일어나서 올라갔다가 떨어지기를 반복한다. 그러다가 결국 평평해져 모든 것의 안식처이자 탄생지가 되는 단일 맨틀과 다시 하나가 된다. 우리가 삶의 이런 궤적에 부여하는 의미는 지구의 운명에서 관찰하는 의미와 같다. 산봉우리라는 정점에서의 유한한 정상, 강이 바다에 도달하는 마지막 순간, 깊은 숲속에 있는 공터는 우리의 삶이라는 종종 가파르고 불확실하며 위험한 여정을 위한 본보기이자 은유로 작용한다.○

지구는 다양한 지형을 가지고 있으며, 영혼 또한 마찬가지입니다. 외부의 풍경에 익숙해지는 것은 우리 내면 풍경의 여러 차원을 드러내 줍니다. 어떤 영역이 우리 영혼에 활력을 불어넣고, 어떤 영역이 우리에게 도전이 되는지 인식하는 것은, 심층에서 우리가 누구인지, 그리고 무엇을 갈망하는지 발견하는 데 더 가까워지게 합니다.

작가인 메리 레이놀즈 톰슨Mary Reynolds Thompson은 저서 《야생의 영혼 되찾기: 지구 풍경이 우리를 온전함으로 회복시키는 방법 *Reclaiming the Wild Soul: How Earth's Landscapes Restore Us to Wholeness*》에서 '영혼의 풍경'이라고 부르는 다섯 가지 원형적인 풍경을 설명합니다. 이

○   Peter London, *Drawing Closer to Nature: Making Art in Dialogue with the Natural World* (Boston: Shambhala, 2003), 202.

들 영혼의 풍경은 자기라는 내적 세계와 지구라는 외적 세계가 만나는 지점입니다. 이 다섯 가지 영혼의 풍경은 사막, 숲, 바다와 강, 산, 그리고 초원입니다.º 각각의 풍경은 고유한 선물과 초대를 포함합니다. 즉, 단순함에서 신비로의 끌림, 갈망의 흐름, 세상에 영감을 주고 세상을 형성하는 힘, 그리고 한 장소에 정착하여 공동체를 형성하라는 부르심과 자연과의 연결을 통해 내면의 평화를 찾는 기회를 포함합니다.

저는 자연이 살아 숨 쉬는 특정한 장소에 깊은 사랑을 느끼면서 살아왔습니다. 야생의 자연과는 거리가 먼 뉴욕에서 성장하긴 했지만, 아버지가 오스트리아 분이었기 때문에 여름마다 가족을 방문하는 시간을 갖기 위해 오스트리아 서부 티롤 지역의 알프스로 여행을 떠났습니다.

우리는 알프스 둘레길을 자주 하이킹하곤 했습니다. 아버지의 일정한 걸음 속도를 따라가려 노력하면서, 저는 아버지가 위대한 오스트리아의 작가와 예술가와 작곡가들에 관해 이야기해 주시는 것을 열심히 들었습니다. 가끔 숨을 고르며 잠시 멈춰 서서 풀밭에서 천천히 풀을 뜯어 먹는 알프스의 소들을 감상하면서, 길이 얼마나 더 남았는지 아버지에게 물어보곤 했습니다. 아버지는 때때로

º Mary Reynolds Thompson, *Reclaiming the Wild Soul: How Earth's Landscapes Restore Us to Wholeness* (Ashland, OR: White Cloud Press, 2014), xix.

둘레길 벤치에 앉아 제게 맥주를 조금 따라 주었고, 소의 크고 두꺼운 혀가 다가와 맥주를 핥아서 먹는 모습을 보며 저는 큰 소리로 웃곤 했습니다. 둘레길 끝에 도착하면, 항상 크뇌델주페knodelsuppe를 제공하는 산장이 있었습니다. 이것은 진한 쇠고기 육수 한가운데 커다란 빵 만두가 있는 것으로, 종종 베이컨의 일종인 스페크speck도 함께 나왔습니다. 그 둘레길을 하이킹하면서, 아무리 힘들더라도 길을 제대로 따라가기만 하면 목표에 도달할 수 있다는 일종의 확신이 생겼습니다.

샌프란시스코 베이 지역에서 대학원 과정을 마칠 무렵, 남편과 함께 워싱턴주 시애틀에 사는 친구를 방문했습니다. 우리 둘은 그곳에서 태평양 북서부의 매력에 푹 빠졌습니다. 숲과 바다, 호수와 산이 어우러진 시애틀의 풍경이 예전에는 한 번도 느껴 본 적이 없는 어떤 감정을 우리 가슴에 불러일으켰습니다. 그 땅이 우리 둘을 부르고 있었습니다. 그렇게 해서 우리는 시애틀에서 9년을 살게 되었습니다. 저는 특히 숲과 바다가 만나는 경계, 그 야생의 가장자리와 사랑에 빠졌습니다. 그리고 제 내면에서도 그런 장소를 발견했습니다. 우리 각자의 내면에는 신성에 대한 사랑과 세계에 대한 사랑이 만나는 문턱 같은 장소가 여러 개 있습니다. 그곳에서 우리의 가슴heart과 마음mind이 하나로 통합되고, 자신 안의 다양한 부분이 함께 모여 우리를 부르는 세계의 소리를 듣게 됩니다.

시애틀에서 오스트리아 빈으로 모험을 떠났을 때, 익숙한 삶에서 멀리 떨어진 새로운 곳에서 외로움을 느낀 저에게 빈의 숲 Wienerwald은 큰 위안의 원천이 되었습니다. 그곳에서 저는 나무들의 증언에 감사함을 더욱 깊게 느꼈습니다.

지금은 아일랜드 서해안에 살면서, 이 야생의 가장자리가 보여주는 날것을 사랑하는 법을 배워가고 있습니다. 대서양에서 강하게 불어오는 바람의 방식과 그로 인해 만들어지는 바람 소리는 제 주의를 현재라는 순간으로 다시 불러들이는 일종의 교회 종소리와 같습니다. 나무가 거의 없는 이곳에서, 바위는 제게 견딘다는 것에 대한 느낌을 알게 하는 데 매우 중요한 역할을 하고 있습니다. 정원 길을 따라 걷거나 깊은 바닷속으로 뛰어드는 모습, 또는 장엄한 산을 오르거나 넓은 평원을 가로지르는 모습을 떠올려 보십시오. 심지어 도심 속 동네 길을 걷는 것조차도 그 나름의 어떤 울림을 가지고 있습니다. 그 각각은 우리 내면에 무언가를 불러일으키는 특별한 성질이 있습니다.

잠깐 멈춰 서서, 각각의 이 장소를 상상해 보십시오. 그리고 단순하게 특정 풍경에 대해 당신 몸이 나타내는 신체적 반응을 알아차리는 데 잠시 시간을 투자하십시오. 어떤 풍경은 당신 심장을 뛰게 할 수 있고, 다른 풍경은 당신 심장을 수축시킬 수도 있습니다. 또 다른 풍경은 아무런 감흥도 일으키지 않을 수 있습니다.

야수와 성인: 로스 에릴리 수도원 Ross Errilly Friary

아일랜드 서부에 있는 골웨이 시티에서 북쪽으로 30분 정도 운전해 가면 헤드포드라는 마을에 도착합니다. 그곳 교차로에서 좌회전한 다음 2킬로미터 정도 더 가면, 14세기 프란치스코 수도원 유적지인 로스 에릴리 수도원으로 들어가는 길이 나옵니다. 이 수도원은 아일랜드에서 아주 잘 보존된 중세 그리스도교 수도원 중 하나로서, 석조로 된 아치형 통로와 회랑 산책로가 손상되지 않고 비교적 온전히 보존되어 있는 아름다운 곳입니다.

우리는 종종 그 수도원으로 순례단을 데려갑니다. 아일랜드 풍경을 덮고 있는 그 아름다운 석조 유적은 지붕이 대부분 사라져 '하늘 옷을 입은' 교회라고 불리는데, 기도하는 가운데 우리를 하늘과 땅의 통합으로 초대하기 때문입니다. 이 교회는 우리에게 그곳을 단순히 유적으로 생각하기보다는, 이 공간에서 솟아오르는 초대를 통해 지구 자체가 신성을 경배하는 원초적인 장소이며 신성과 만나는 장소라는 것을 기억하라고 하는 듯합니다. 이것이 제가 아일랜드에 있는 기묘한 이 석조 교회를 사랑하는 이유 중 하나입니다. 이 교회는 신앙 전통을 유지하면서도 지구와 연결을 맺도록 초대하며, 그 두 가지를 통합하는 것으로 보이기 때문입니다.

켈트 영성에 관한 서적의 저자이자 신학자인 존 필립 뉴얼 John Philip Newell(1953~)은 스코틀랜드의 성스러운 섬 이오나 Iona에 있는 수녀원 역시 로스 에릴리 수도원과 비슷한 초대를 한다고 말했습니다. 그 수녀원도 돌의 신성함을 고려하면서 하늘과 땅의 연결을 느끼도록 초대한다는 것입니다. 이 수도원은 폐허가 되었기 때문에, 이제 지붕이 없습니다. 그래서 그곳에서 기도하는 것은, 이 섬에 있는 다른 재건축된 수도원에서 기도하는 것과는 매우 다른 느낌을 줍니다. 뉴얼은 "이오나 수녀원에서 기도하려는 열망은 지구와의 관계 속에서 다시 기도하려는 열망이다."○라고 썼습니다.

로스 에릴리 수도원이 설립될 당시, 가래톳페스트가 창궐하고 있었고, 도움이 필요한 사람들을 수도자들이 돌보고 있었다는 이야기가 전해지고 있습니다. 말라키 맥휴Malachy MacHugh 대주교는 이 전염병이 빨리 종식되고, 자신의 기력이 회복되기를 기도했습니다. 그렇게 기도하다 잠이 들었는데, 교회를 세우라는 지시를 받는 꿈을 꾸었다고 합니다. 대주교는 계시가 주어질 때까지 서쪽으로 걸어가라는 지시를 받았습니다. 그래서 세 명의 수사를 데리고 길을 떠났습니다. 마침내 그들은 세 마리의 백조가 아마 씨가 담긴 다발을 부리에 물고 하늘로 날아가는 모습을 보았습니다. 백조들이 그들 머리 위에서 세 바퀴를 돌고 날아가자, 수도자들은 백조가 돌던 하늘 아래의 땅을 더 가까이 보기 위해 다가갔습니다. 아직 2월

○ John Philip Newell, *The Rebirthing of God: Christianity's Struggle for New Beginnings* (Woodstock, VT: SkyLight Paths, 2014), 3.

이었는데도 불구하고, 그곳에 아마꽃이 활짝 피어 있는 것을 발견했습니다. 그곳이 바로 로스 에릴리 수도원이 세워진 장소입니다.

그리스도교 전통에는 이런 이야기가 아주 많습니다. 특히 사막 교부와 켈트 수도자로부터 유래된 이야기가 상당히 많습니다. 그 이야기들에서는 동물과의 유대가 특별한 지위와 의미를 지니고 있으며, 하느님은 동물이라는 존재를 통해 표징과 인도를 제공하실 수 있다는 것을 보여 주십니다.

정주 수행

정주定住, stability는 베네딕토회 수도자들이 서약하는 세 가지 서원 중 하나입니다. 정주는 평생을 특정 수도원에 헌신하는 것을 의미합니다. 누르시아의 성 베네딕토 St. Benedict of Nursia(480~547)는 이곳저곳으로 자주 옮겨 다니는 수도자를 특별히 경멸했습니다. 공동체의 문제에서 벗어나기 위해 도망치면, 그 문제가 항상 따라온다는 것을 잘 알고 있었기 때문입니다. 《성 베네딕토의 규칙*The Rule of St. Benedict*》에서 베네딕투는 수도 서원을 한 날부터 수노자는 "더 이상 수도원을 떠날 자유가 없고(15절), 오랜 성찰 과정에서 거부하거나 수용할 수 있었던 규칙의 멍에를 그의 목에서 벗어 던질 수 없다(16절)."°라고 썼습니다. 베네딕토는 수도자들이 어려운 상황에서 도망치지 않고 평생 수도원에 헌신할 것을 요구했습니다.

정주는 우리 삶에서 발생하는 어려운 문제들을 극복하기 위한 헌신을 요구합니다. 산만함과 오락과 편안함을 추구하면서, 우리는 문제에서 육체적으로나 감정적으로 도망칠 수 있습니다. 공동체나 다른 사람과 오랜 관계를 맺다 보면, 도전의 순간도 있고 지루한 순간도 있을 것입니다. 수도 생활의 길은 이런 헌신을 유지하고 불편함을 견디는 과정에서, 무엇을 배울 수 있는지 확인하는 것입니다. 이것은 평생의 작업입니다.

정주 수행에는 또 다른 측면이 있습니다. 그것은 바로 특정 장소에 대한 헌신입니다. 한 장소에 머물면서 느끼는 도전 과제를 극복하기 위해 그곳에 머물겠다고 맹세할 때, 우리는 그곳에서 함께 삶을 나누는 사람들과의 관계를 깊게 할 뿐만 아니라, 우리를 형성하는 그곳의 풍경과 그 생태 지역에 서식하는 창조물과 식물들과의 관계도 더욱 심화시키는 것입니다. 정주는 또한 우리가 살고 있는 특정한 장소, 그리고 그 거주 지역에 있는 특정한 성당의 특수성에 대한 사랑을 키우도록 요구합니다. 우리는 그곳을 찾아오는 새들의 이름이나 건물의 틈새와 들판에서 자라는 식물들의 이름을 배우도록 초대를 받습니다.

- Timothy Fry O.S.B., trans RB 1980: *The Rule of St. Benedict* (Collegeville, MN: Liturgical Press, 1981), 58.15~16. (허성석 번역·주해,《성 베네딕도 규칙》, 들숨날숨, 2011, 413쪽. 제58장 공동체에 받아들이는 절차, 15~16절.)

여기저기로 자주 이사하다 보면, 자신이 사는 지역의 땅에 대한 헌신을 깊게 하기는 참으로 어렵습니다. 지구를 원초적인 성소로 인식하는 것은, 우리가 집에서뿐만 아니라 집에서 멀리 떨어져 있는 다른 어떤 곳에서도 우리를 양육하는 땅에 대한 사랑을 더욱 깊게 한다는 것을 의미합니다. 이것은 도시공원의 벤치일지라도 가까운 장소에서 자연의 모든 장엄함과 함께 앉아 사색할 수 있는 장소를 찾아야 한다는 것을 의미합니다. 당신이 살고 있는 장소에 대한 헌신을 깊게 한다는 것은, 그 지역의 새와 식물과 동물 등에 대해 더 많이 배워야 한다는 것을 의미합니다. 그들 모두의 이름을 하나씩 하나씩 알아가는 것은 우리를 그 장소에 더 강하고 깊게 뿌리 내리게 합니다.

존 발터스 페인트너의 성경 묵상

최초의 창조 신화(창세 1, 1 ~ 2, 4)

한 처음에 하느님께서 하늘과 땅을 창조하셨다.
땅은 아직 꼴을 갖추지 못하고 비어 있었는데, 어둠이 심연을 덮고 하느님의 영이 그 물 위를 감돌고 있었다.

하느님께서 말씀하시기를 "빛이 생겨라." 하시자 빛이 생겼다.

— 창세 1, 1~3

　　창세기에는 두 개의 서로 다른 창조 신화가 있습니다. 이 신화들은 사건의 시기와 순서에 있어서 서로 상당히 모순됩니다. 대부분 학자는 두 번째 신화가 첫 번째 신화보다 실제로 앞선다는 데 동의합니다. 성경의 첫 장에 나타나는 이런 난제에 대한 반응은 일반적으로 두 가지입니다. 하나는 독단적으로 교리를 고수하면서 성경의 모든 것이 문자 그대로 사실이라고 주장하는 것입니다. 다른 하나는 성경은 과학적이거나 역사적이지 않기 때문에 모두 고대의 허구로 간주하고 현대의 우리와 무관하다고 여기는 것입니다.

　　다행히도 세 번째 접근 방식이 있습니다. 앞서 언급한 두 가지 접근 방식이 잘못 이해하고 있는 것은 '영감靈感'의 의미입니다. 성경이 '하느님에 의해 영감을 받았다'라고 말할 때, 그것은 하느님이 사람들에게 이야기를 받아쓰게 했다는 의미가 아닙니다. 그것은 오히려 그들이 체험한 하느님과의 만남에 관해서, 그 만남에 대한 이해에 관해서, 그리고 아마도 하느님이 누구신지에 대한 가장 중요한 질문에 관해서 이야기를 쓸 수밖에 없었다는 의미입니다. 신화는 '지어낸 이야기'가 아니라, 더 큰 진리를 가리키는 이야기입니다.

　　유대-그리스도교 성경의 창조 신화를 고대 중동의 다른 신화들과 구별 짓는 것은 일신론에 대한 믿음이 아닙니다. 아니, (비록 일신론이라는 이 믿음이 시간이 지나면서 이스라엘 백성에게 서서히 드러나기는 했지만) 그 새로운 종교의 독특한 점은 고대 중동의 신과는 다른 유형의 신에 대한 믿음, 즉 선하고 자비로우신 하느님에 대한 믿음이었습니다. 고대 중동의 다른 문화들은 세상이 잔혹하고 혼란스러운 곳이라고 믿었습니다. 그들 문화에서는 신들이 자신들을 무시하는 것이 최선이라고 생각했습니다. 그들의 신이 어떻게 행동하는지를 통해, 그들은 이 세상이 고통과 죽음으로 가득 차 있다고 여겼습니다. 이런 고대 종교들은 자신들이 믿는 신들의 사소하고 탐욕스러운 본성을 달래기 위해 기도하고 희생 제물을 바쳤습니다.

하지만 고대 이스라엘 백성들은 그들과 같은 세계를 바라보면서도, 선하고 풍요로운 세계를 보았습니다. 창세기에 나오는 첫 번째 창조 신화는 하느님이 혼돈 속에서 질서와 아름다움과 풍요로움을 창조하셨다는 그들의 믿음을 묘사한 신학적 진술입니다. 우리의 영적 조상들은 자신이 이미 받은 축복에 대해 하느님께 감사하기 위해 기도하고 희생 제물을 바쳤습니다. 두 번째 창조 신화는 왜 고통과 죽음이 이 선하고 완벽한 세계에 존재하는지를 설명합니다. 힌트; 그것은 하느님의 잘못이 아닙니다. 이 두 개의 신화는 결합해서 히브리 성경의 '주요 사건'인 바빌론 유배에 대한 일종의 서곡 역할을 합니다. 이들 신화는 이스라엘 왕국의 설립과 그후에 일어날 멸망을 예고합니다.

첫 번째 창조 신화에서, 하느님은 무에서 유를 창조하지 않습니다. 창조 이전에 이미 무언가가 있었습니다. 그것은 형체 없는 공허, 인간 생명에 적합하지 않은 소용돌이치는 바람과 물의 폭풍이었습니다. 이것은 바빌로니아 신화의 변덕스러운 폭풍 신 바알 Ba'al을 비유한 것입니다. 바알은 히브리 성경 전반에 걸쳐 야훼와 이스라엘 백성의 적으로 반복해서 등장하는 신입니다. 하느님이 하신 일은 그 혼돈에서 천천히 체계적으로 그리고 매우 의도적으로 질서를 창조하신 것입니다. 이스라엘의 하느님은 말씀하시고, 바빌로니아의 신은 순종합니다. 이 비유는 그리스도교 성경에도 이어져, 예수님이 폭풍우 치는 바다를 향해 잠잠해지라고 명령하시는 장면으로 나타납니다.

첫 번째 창조 신화의 6일 동안, 하느님은 우선 궁창穹蒼 위와 아래의 물을 가르는 보호막을 만드십니다. 그리고 그 안의 땅이 드러나도록 물을 말리시고, 그곳에 식물을 심으십니다. 그다음 하느님은 세계를 규제하고 조직하기 위해 낮과 밤을 가르시고, 계절을 설정하십니다. 그다음, 세상을 가득 채울 동물 생명체를 창조하십니다. 마지막으로 하느님은 모든 창조의 절정으로서 하느님의 형상대로 인간(남자와 여자를 함께 같은 날에)을 창조하십니다.

그리고 보시니 매우 좋았습니다.

비록 첫 번째 창조 신화가 두 번째 창조 신화의 '지배'적 용어를 피하고는 있지만, 그 신화 역시 우리는 인간 중심적으로 이해합니다. 모든 세계와 그 안에 있는 모든 동물과 식물은 인간 생명을 유지하기 위한 목적으로 창조되었다는 것이지요. 사실 이런 관점은 다소 편향되어 있기는 하지만, 결국 성경은 인간 저자가 인간 독자를 위해 쓴 것이므로 충분히 이해할 수는 있습니다. 또한, 그 당시에는 저자나 독자 모두 객관성에 대해서는 그렇게 크게 신경을 쓰지도 않았습니다. 하느님은 당신 기쁨을 위해 세계를 창조하셨고, 인간에 대한 유용성과는 관계없이 세계의 모든 측면을 다 좋다고 축복하셨습니다. 그뿐만 아니라 첫 번째 창조 신화에서 우리가 배울 수 있는 또 다른 교훈이 있습니다. 모든 창조물은 창조주의 의도적인 손길이 닿은 작품이라는 것입니다. 인간뿐만 아니라 모든 창조물이 창조주의 아름다움을 반영합니다. 자연은 신적인 창조로 인해 선함으로 빛나는 광대하고 성스러운 풍경으로 경험됩니다. 자연은 인간이 거주할 수 있도록 초대받은 원초적으로 성스러운 공간이자 안식처입니다.

어떤 사람은 창세기를 읽고 난 후, 인간이 다른 창조물보다 우월하다고 해석합니다. 하지만 올바른 해석은 인간도 창조세계의 한 부분이라는 것입니다. 공통된 창조주를 통해 우리 인간은 모든 생명과 연결되어 있습니다. 우리에게 더 많은 책임이 있을 수는 있지만, 인간이 다른 창조물보다 더 높은 지위를 가지고 있는 것은 아닙니다.

명상: 자연과 함께하는 렉시오 디비나

창조세계가 우리 가운데 계시는 신적 현존을 가시적으로 계시하는 것이라면, 창조세계를 기도와 묵상의 대상으로 삼는 것이 마땅하다고 생각할 수도 있습니다. 차분하게 자리에 앉아서 성경 말씀을 읽고, 그 말씀 안에서 반짝이거나 우리를 일깨우려고 부르시는 말씀에 귀 기울이십시오. 그 말씀이 우리의 상상 속에서 펼쳐지도록 하면서 그 초대의 메시지를 받아들이고, 그다음 침묵 속에 머무르는 성스러운 독서 **렉시오 디비나** *lectio divina* 수행을 우리가 이용할 수 있는 또 다른 계시의 '책'인 창조세계에도 적용할 수 있습니다.

자연 속에서 천천히 관상 산책하는 시간을 가져 보십시오. 산책하면서 자신이 나무와 돌과 하늘로 이루어진 거대한 성전 안에 있다고 상상해 보십시오. 자연이 당신에게 전하려는 그 한마디에 귀 기울여 보십시오. 그것은 새의 노래일 수도 있고, 나뭇잎의 바스락거리는 소리일 수도 있고, 돌의 침묵일 수도 있고, 또는 파도에 밀려오는 바다의 움직임 소리일 수도 있습니다. 익숙한 구절이 생각날 수도 있고, 새로운 구절이 떠오를 수도 있습니다. 이런 '말씀'이 자신의 내적 성찰과 체험을 위한 촉매가 되어 기억과 감정 또는 이미지를 불러일으키고, 그것이 펼쳐질 수 있는 공간을 허용하십시오.

그다음 이런 기도의 경청에서 나오는 초대에 마음을 열어 보십시오. 그것은 더 깊은 자각으로 당신을 이끄는 지구가 보내는 부르심입니다. 즉 침묵 속에서 휴식을 취하고, 단순히 그 모든 것을 음미하라는 부르심입니다. 당신은 궁극적으로 무슨 일을 행하기보다는, 그저 존재 자체로 쉬라는 부르심을 받았음을 깨닫게 됩니다. 어쩌면 자연과 대화하는 자신을 발견하게 될 것이고, 자신이 분리된 존재로 무언가와 대화하는 것이 아니라, 생명의 이런 매트릭스에 엮여서 짜여 있음을 깨닫게 될 것입니다.

데이비드 아브람은 이렇게 썼습니다. "기도는 가장 오래되고 본질적인 의미에서 단순히 사물에 관해about 말하는 것이 아니라, 단풍나무 숲, 까마귀 떼, 불어오는 바람과 같은 사물에게to 직접 이야기하는 것을 의미한다."◦ 이것은 기도를 깊이 있는 육화 체험으로 이해하라는 초대입니다. 모든 요소를 통해 엮여 있는 신적인 현존을 발견하라는 초대입니다. 따라서 우리는 더 이상 어떤 초월적인 존재에게 기도를 드리는 것이 아니라, 나뭇잎, 도토리, 바람 한 자락, 이끼 낀 돌 등 그 하나하나를 통해 빛나고 있는 내재하는 신적인 현존과 대화하고 있다는 것을 깨달아야 합니다.

장로교 신학자 벨든 C. 레인Belden C. Lane(1943~)은 자연에 대한

◦ David Abram, *Becoming Animal: An Earthly Cosmology* (New York: Knopf Doubleday, 2010), 170.

이런 성스러운 독서를 자연에서의 묵상, 즉 **렉시오 테레스트리스** *lectio terrestris*°●라고 부릅니다. 이 수행은 단순하게 당신 주의를 끄는 것을 알아차리고, 그 끌리는 것에 대해 숙고하고, 그로부터 발생하는 초대에 귀 기울이는 것입니다. 그다음, 당신의 기도와 함께 침묵 속에서 머무는 것입니다.

관상 산책: 창조의 삶에 참여하기

창조세계를 관상하는 당신 존재를 더욱 깊은 수준에서 창조세계에 참여할 수 있도록 끌고 들어갈 수 있는지 확인해 보십시오. 가까운 곳에 있는 숲이나 공원과 같이 창조세계와 연결을 체험할 수 있는 장소를 찾아보십시오. 그 공간을 걸어 다니면서, 평소처럼 관조적인 인식과 개방적인 태도로 시작하십시오. 아마도 당신은 세계의 소리에 귀 기울이는 것과 당신 삶의 여정을 숙고하는 것 사이를 왔다 갔다 하면서 걷고 움직일 수 있습니다. 어쩌면 불편함이나 판단으로

○ Belden C. Lane, *Backpacking with the Saints: Wilderness Hiking as a Spiritual Practice* (New York: Oxford University Press, 2015), 211~15.
● 렉시오 테레스트리스는 영적인 방식으로 움직이면서 도전하고, 영감을 받을 수 있는 풍경을 '읽는' 고도의 감각적 실천을 묘사한다. 많은 사람이 '경외감'이라 묘사하는 것을 새로운 차원으로 끌어올릴 수 있다.

인해 자신과 세계 사이에서 미세한 분리를 느낄 수도 있습니다.

이제 신발과 양말을 벗고 맨발로 땅 위에 서십시오. (기온이 영하로 떨어지는 추운 겨울에는 자신의 필요에 맞게 이 수행을 조절하십시오.) 자신과 발밑 아래의 땅 사이에서 연결을 느낄 수 있는 시간을 가져 보십시오. 호흡을 깊게 하십시오. 숨을 깊게 들이마시면서 발을 통해 땅에서 다리로 에너지를 끌어 올린다고 상상해 보십시오. 숨을 내쉬면서, 깊은 뿌리를 땅으로 내려보내 영양소를 끌어 올린다고 상상해 보십시오. 땅의 질감이나 온도, 땅바닥이 저항하거나 받아들이는 것을 느껴 보십시오. 몇 걸음 걸으면서 땅을 밟으며 가로질러 움직일 때 느껴지는 땅바닥이 주는 감각에 온전히 몰입하십시오.

가능하다면 무릎을 꿇고 손으로 땅을 느껴 보십시오. 필요에 따라 자세를 조정하십시오. 모든 감각을 이 체험에 집중하여 땅의 질감과 냄새, 주변에서 들리는 소리와 입안에서 느껴지는 맛, 땅이 생긴 모습 등을 주의 깊게 관찰하십시오. 잠시 마음껏 즐기십시오. 당신은 어릴 때 어떤 체험을 했나요? 그때 좀 더 자유롭고 자발적으로 그 체험을 했다면 어땠을까요? 그 시절의 당신으로 돌아가 잠시 그 체험을 다시 해보는 시간을 가져 보십시오.

주변을 둘러보고, 나무껍질의 질감과 손가락 사이로 느껴지는 식물들의 감촉과 냄새를 탐색하십시오. 주변의 소리에 귀를 기울이십시오. 소리를 애써 찾으려 하기보다는, 어떤 소리가 들리든지 들리는 그 소리를 단순히 그대로 받아들이십시오. 소리가 들리면,

그 소리를 알아차리고 그냥 흘려보내십시오. 이 체험은 긴장할 필요 없이 단지 체험에 대한 열린 마음만 유지하면 됩니다.

그다음, 그 장소에 깃들어 있는 영the spirit과 지혜에 당신 마음을 열어 보십시오. 이 땅과 이 나무와 이 꽃들과 연결되어 엮여 있는 자신을 느껴 보십시오. 땅속이나 나무 속에서 기어 다니는 곤충들과의 관계도 느껴 보십시오.

가능한 한 당신 가슴을 최대한 열어 오감을 넘어서는 다른 인식 수준을 받아들이십시오. 애써서 특정한 유형의 체험을 하려는 시도를 내려놓고, 아무런 의도나 목표 없이 그저 지금 여기에 존재하는 자신을 단순히 느껴 보십시오. 지구는 당신에게 어떤 성전 같은 존재인가요?

지금 당신의 체험이 어떤지 알아차리십시오. 원하는 만큼 그 공간에 머물면서, 발견하는 것을 지켜보십시오.

허브 초대: 의례용 차

의례儀禮용 차는 천천히 그리고 의도적으로 마시는 차 한 잔을 말합니다. 차는 허브를 활용하는 가장 간단한 방법의 하나로, 하느님이 주신 선물인 치유 식물과 교감을 나눌 수 있는 아름다운 방법입니다. 이미 허브차를 정기적으로 마시는 분도 있겠지만, 이번에는 허브차를 마시는 것이 사색이면서도 온몸으로 느끼는 온전한 감각 체험이 되도록 당신을 초대합니다. 뜨거운 물을 허브 식물 재료 위에 붓고, 그로 인해 피어오르는 향기와 물에 스며드는 색깔, 찻잔의 따뜻함을 느끼는 것은 제게 마법과도 같은 체험입니다. 허브가 물에 우러나는 동안 잠시 멈추고, 물이 식을 때까지 기다렸다가 차 한 모금을 마십니다. 허브 의학에 관한 책으로 유명한 힐데가르트도 분명히 치유 허브를 차 형태로 자주 마셨을 것이므로, 이렇게 차 마시는 행위를 통해 우리는 힐데가르트의 영과도 연결될 수 있습니다.

우선 모든 방해 요소를 차단하는 것부터 시작하십시오. 휴대전화와 이메일, TV나 라디오 같은 주의를 산만하게 하는 것을 모두 끄십시오. 성가나 클래식 음악 같은 성스러운 음악을 틀어 놓는 것도 좋습니다. 의도를 가지고 음악을 선택하고, 전적으로 침묵을 환영한다는 것만 기억하시면 됩니다.

마시고 싶은 허브를 선택하십시오. 페퍼민트는 훌륭한 선택이며, 쉽게 구할 수 있고 소화를 도울 수 있습니다. 많은 사람이 저녁에 긴장을 풀기 위해 케모마일 차를 마시는 것을 좋아합니다. 과일향을 원하신다면, 비타민 C 함량이 풍부한 히비스커스를 선택하는 것이 좋습니다. 허브를 냄비나 특별한 찻잔에 넣으십시오. 다기茶器나 여과기, 또는 허브를 넣고 접어서 고정할 수 있는 재사용이 가능한 티백을 사용할 수도 있습니다. 끓는 물 1컵당 허브 1티스푼을 냄비나 찻잔에 넣으십시오. 지구가 주는 이 치유의 선물에 감사하며, 당신의 치유 여정을 위해 이 과정을 진행하십시오. 허브가 없다면, 이미 집에 있는 다른 차나 동네 슈퍼마켓에서 쉽게 구할 수 있는 차를 사용할 수도 있습니다. 페퍼민트 차 한 상자, 허브 혼합물, 또는 녹차나 홍차가 집에 있다면, 허브차를 만들어 마시는 이런 체험을 기도처럼 할 수 있습니다.

허브나 차를 선택한 후, 깊은 호흡을 하면서 당신 의식의 초점을 생각과 마음에서 내려놓아 가슴 중심으로 옮겨 보십시오. 가슴 중심의 장소에서 허브를 체험하며, 어떤 선물이 올지 받아들이는 시간을 가지십시오. 그것이 무엇을 의미하는지 파악하려는 욕구를 버리고, 해야만 할 일들의 목록에 일이 기다리고 있다고 마음이 말할 때는 부드럽게 그 마음을 달래십시오.

이것은 명상 행위입니다. 주전자에 수돗물을 채우면서, 빗물이 내려 흘러서 강을 통해 수도꼭지까지 도착하는 물의 여정을 상상해 보십시오. 물이 끓을 때, 그 물에도 축복하십시오. 조용한 순간에 깊은 호흡을 하십시오. 비록 열원이 전기라 할지라도, 물을 덥혀주는 불에도 축복하십시오.

물이 끓으면, 허브 위에 물을 부으십시오. 물을 붓고 피어올라 오는 증기를 음미하십시오. 허브가 춤추면서 물에 자기 색깔을 더해가는 모습을 지켜보십시오. 차가 우러나기 시작할 때, 잠시 눈을 감으십시오. 깊은 호흡을 하면서, 잠시 멈춰 그 소리를 들어 보십시오. 뜨거운 물의 열기가 식물 재료의 좋은 성분을 우려내어 당신이 마실 수 있도록 만들어 주는 모습을 상상하십시오. 찻잔의 따뜻함을 느끼십시오. 향이 올라오면, 올라오는 향기를 맡아보십시오. 이 순간을 음미하면서, 이제 다른 곳에 갈 필요가 없다고 느껴 보십시오.

몇 분 후, 허브가 우러나 마시기 적당한 온도로 차가 식으면 찻잔을 입술로 가져가 첫 모금을 마셔 보십시오. 소량의 차를 마시고 입안에서 느껴지는 맛을 음미한 후 삼키면서 그것이 신체 기관을 통해 이동하여 당신에게 영양소를 공급하는 모습을 상상하십시오. 이 과정을 통해 지구가 원초적인 대성전이라는 것을 인식하십시오. 이렇게 의례적인 차를 마시는 것이 창조세계와 친교를 나누는 행위라고 상상해 보십시오. 지구가 제공하는 치유와 영양이라는 선물을 축복하십시오. 당신을 회복시키고 새롭게 해 주는 특별한 안식처라는 장소를 주신 하느님께 감사의 마음을 표현하십시오.

이런 방식으로 계속 차를 마셔 보십시오. 계속해서 차를 한 모금씩 음미하면서, 이 고요함과 성찰의 시간을 계속 즐기십시오.

시각적 예술 탐구: 돌무더기 세우기

돌 연구하기

당신 자신이 되세요.

그 의미가 무엇인지 불분명하다면,

한번 주위를 둘러보고,

이 지구의 것들을 살펴보세요.

돌을 연구하세요,

돌은 항상 자신이 만들어진 그대로 행동하지요.

항상 같은 방식으로 떨어지지는 않아요.

때로는 높은 곳에 머물기도 하고,

때로는 땅이 허락하는 곳에 놓이기도 하지만,

돌의 목적은 아래로 움직이는 것이에요.

이로 인해 돌은 자신이 할 수 있는 방식으로 하느님을 사랑하죠.

하느님께서 각 창조물과 사물에 선물로 주신

자신의 노래를 부르죠.

때때로 무엇을 해야 할지, 어떻게 살아야 할지 고민하는

이 글을 읽는 당신에게도 그 노래는 선물로 주어져 있죠.

— 마이스터 에크하르트○

자연 속에서 돌들을 모으기 위해 산책하러 나가십시오. 숲이나 강가, 해변이나 공원 등에서 돌들을 주워 모아 당신의 제단 위에 놓

○ John Sweeney and Mark Burrows, *Meister Eckhart's Book of the Heart: Meditations for the Restless Soul* (Charlottesville, Va: Hampton Roads, 2017), 26.

아 보십시오. 집에 아직 제단이 없다면, 집 안 어딘가에 촛불과 천과 자연의 상징을 놓을 수 있는 작은 공간을 만들어 보는 것도 좋습니다. 가정 제단은 일상생활에서 우리를 성스러움과 연결하는 데 도움을 줍니다. 시간을 내어 돌을 하나씩 손에 쥐고, 그 모양과 질감을 살펴보십시오. 돌을 하나씩 쌓아 올려 케른cairn을 만들어 보십시오. 케른은 인간이 만든 돌무더기를 뜻하는 게일어로, 종종 산 정상이나 무덤을 표시하는 이정표 역할을 합니다. 케른은 근처에 무언가 성스러운 것이 있음을 나타냅니다.

당신이 좋아하고 익숙한 자연 산책로를 따라 케른을 만들어 성스러운 지점을 표시하는 방법도 좋습니다. 돌들이 당신 마음의 반응을 그 물리적인 공간에 나타낼 수 있도록 허용하십시오.

문자 체험: 하이쿠와 함께하는 자연 산책

하이쿠는 전통적으로 자연에 관해 쓴 훌륭한 형식의 간결한 시입니다. 하이쿠를 써 보는 것은 체험의 본질에 집중하도록 당신을 초대합니다. 첫 번째 줄이 5음절, 두 번째 줄은 7음질, 세 번째 줄은 다시 5음절로 구성됩니다. 이번 주 당신의 기도 체험에 대한 응답으로 하이쿠를 하나 이상 써 보십시오. 엄격하게 음절 수를 지킬 필요는 없습니다. 가능한 한 간결하게 표현해 보려고 노력하십시오.

그 시가 당신이 기억해야만 할 가장 본질적인 것을 표현할 수 있도록 하십시오. 하이쿠를 많이 쓰면 쓸수록, 저는 그 리듬에 더 깊이 빠지게 된다는 것을 알았습니다.

이전 참가자들의 시

소나무 사이로 바람이 불어오고
강물은 돌 옆을 흐르네!
울새가 먹이를 찾는다.

— 앤 디섹(Ann Dissek)

나무 자매가 웃고 있고,
새 형제는 꿈을 살아있는 노래로 부르고,
춤추는 바다는 발끝을 간지럽히네.

— 조앤 하이저(JoAnn Heiser)

반짝이는 다이아몬드,
푸른 솔잎 위로 햇빛이 비치고
겨울의 기쁨으로 돌아나는 새싹들

— 제니 마이어스(Jenny Meyers)

마무리 축복 기도

지구는 우리에게 원초적인 성스러운 공간을 제공합니다. 많은 사람이 이미 야외 환경에서 위안과 영감을 찾고 있습니다. 1장에서는 창조물을 통해 하느님께서 계시하는 방식을 사랑과 경외라는 행위로 더욱 의도적으로 생각해 보도록 당신을 초대했습니다. 각 장의 마무리는 자연이 주는 선물을 축하하는 데 도움을 주기 위해, 피정 프로그램에 먼저 참여했던 참가자 한 분이 쓴 축복 기도로 마무리합니다. 지금 당신이 가고 있는 여정을 이미 먼저 경험한 누군가의 기도가 안내자이자 동반자로서 영감을 줄 수 있기를 바랍니다.

새들의 노래가 당신 기쁨을 전달해 주기를 바랍니다.
이끼의 부드러움이 당신 꿈을 위한 베개가 되기를 바랍니다.
원숭이 퍼즐이 당신 발걸음에 모험을 가져다주기를 바랍니다.
깃털의 부드러움이 당신 손길에 온유함을 더해 주기를 바랍니다.
야생 쐐기풀 숲이 당신 고통을 치유해 주기를 바랍니다.
떨어지는 작은 꽃잎이 당신 눈에 경이로움을
일깨워 주기를 바랍니다.
미나리아재비의 황금빛이 당신 사랑에 깊이를 반영해
주기를 바랍니다.

— 밸러리 앨런(Valerie Allen)

2

지구,
최초의 경전

저를 믿으세요,

당신은 숲속에서

책보다 더 많은 교훈을 찾을 수 있을 거예요.

어떤 스승에게서도 배울 수 없는 것을

나무와 돌이 가르쳐 줄 거예요.

— 클레르보의 성 베르나르도 St. Bernard of Clairvaux

○ St. Bernard of Clairvaux, Epistola CVI, sect 2, in *The Early English Church*, trans. Edward Churton (Whitefish, MT: Kessinger Publishing, 1840), 324.

켈트 그리스도교 전통에 따르면, 우리는 두 권의 계시에 관한 책을 받는다고 합니다. 그 하나는 성경 텍스트라는 책이고, 다른 하나는 창조세계라는 방대한 책입니다. 우리는 신적 지혜의 충만함을 받기 위해서 성경과 창조세계 두 가지 모두가 필요합니다. 9세기 아일랜드 신학자 존 스코투스 에리우게나John Scotus Eriugena(800~877)는 하느님의 내재성을 강조하면서《요한복음 서문에 대한 강론》에 이렇게 썼습니다. "신적인 지식은 성경의 문자와 창조물의 시각을 통해서만 우리 안에서 회복될 수 있다. 성경 말씀을 배우고 그 말씀의 의미를 당신 영혼에서 깨달아라. 그곳에서 당신은 말씀을 발견할 것이다. 육체적 감각으로 감각적인 사물의 형태와 아름다움을 알고, 그곳에서 하느님의 말씀을 읽으라."°

° Quoted in Mary C. Earle, *Celtic Christian Spirituality: Essential Writings - Annotated & Explained* (Woodstock, VT: SkyLight Paths, 2011), 75.

성경은 하느님의 말씀에 관해 어떤 통찰을 제공하며, 자연 세계라는 물리적인 차원 역시 또 다른 통찰을 제공합니다. 하느님은 모든 것 안에 계시며, 모든 것의 진정한 본질입니다. 에리우게나가 아주 좋아했던 단어 중 하나는 신의 현현顯現, **테오파니**theophany였습니다. 테오파니는 "신적인 본성을 드러내는 그 무엇"을 의미합니다. 에리우게나에게 있어, 세계와 모든 창조물은 바로 신의 현현, 테오파니입니다.

아주 아름다운 자연 속에 있을 때, 자연의 원소들이 당신에게 어떤 방식으로 말을 걸어왔는지 기억하십시오. 바람이 강하게 불어오는 순간, 당신은 아마도 집착하고 있었던 무언가를 내려놓을 수 있었을 겁니다. 꽃들이 아름답게 피어나는 모습을 보면서, 당신 마음속에 새로운 변화의 싹이 자라고 있음을 깨달았을 수도 있습니다. 어쩌면 당신은 광활한 바다의 가장자리에 서서, 광대한 세계 전체의 환영을 받으며 자신이라는 작은 존재가 받은 은총을 느끼고, 그로 인해 겸손함을 받아들이는 감성을 느꼈을지도 모릅니다. 그 순간에 신적인 본성이 당신에게 어떻게 계시가 되었는지 기억해 보십시오.

미국의 언론인이자 작가인 존 하워드 그리핀John Howard Griffin(1920~1980)은 토머스 머튼의 사후에 머튼이 머물던 은둔소에 가서 살았습니다. 그리핀은 그곳에서 보낸 시간을 일기 형식으로 기록했습니다. 그리핀은 그 일기에 이렇게 썼습니다. "당신 고독의 바로 그 본질은 나무 사이로 부는 바람의 기도, 별들의 움직임, 들판에서 먹이를 찾는 새들과 집을 짓는 개미의 행위와 하나로 되는 것과 관계가 있다. 당신은 거기서 창조주를 목격하고, 모든 창조물 속에 계신 창조주께 주의를 기울였다."○ 계시의 첫 번째 '책'에 있는 것이 우리를 다시 신성이라는 중심으로 이끕니다. 창조를 성스러운 행위로 증언하는 것은 하느님이라는 위대한 예술가를 더 친밀하게 알게 되는 것입니다. 초기의 사막 교부 중 한 분인 대★ 안토니우스 성인St. Anthony the Great(250~356)은 한 방문객에게 그토록 현명하신 분이 "책도 없이 사막에서 어떻게 지혜롭게 지내고 계십니까?"라는 질문을 받았습니다. 안토니우스는 이렇게 대답했습니다. "내 책은 창조된 것의 본질이에요. 하느님의 말씀을 읽고 싶을 때마다, 그 말씀은 항상 내 곁에 있답니다."○○

당신을 둘러싼 세계가 의미 있게 삶을 살아가는 데 필요한 지혜로 가득 찬 성스러운 책이라고 상상해 보십시오. 계절의 변화, 자연의 원소들, 창조물들과 풍경과 날씨가 모두 함께 어우러져 춤을 추며, 존재하는 그 모든 것의 거룩한 원천에 대한 계시를 우리에게 제공합니다.

○　John Howard Griffin, *The Hermitage Journals: A Diary Kept While Working on the Biography of Thomas Merton* (Kansas City, MO: Andrews and McMeel, 1981), 144.

○○　Quoted in Thomas Mann, *God of Dirt: Mary Oliver and the Other Book of God* (Cambridge, MA: Cowley Publications, 2004), xiii.

계절은 경전의 본문

계절의 리듬에 주의를 기울일 때, 우리는 삶의 오르막길과 내리막길, 비움과 충만함에 대해 많은 것을 배울 수 있습니다. 봄은 꽃을 피우라고 우리를 초대합니다. 여름은 스스로 성숙해지라고 요구하고, 가을은 내려놓고 놓아주라고 우리에게 요구합니다. 그리고 겨울은 조용히 휴식을 취하라 하면서, 알 수 없는 어둡고 비옥한 공간 속으로 침잠하라고 속삭입니다. 우리는 일정과 해야만 할 일들의 목록과 결과물에 대한 요구를 모두 내려놓고, 그저 단순히 존재하기만 하면 됩니다.

    예수님의 삶도 섬김과 휴식을 위해 필요한 은둔의 리듬과 조화를 이루었습니다. 예수님은 공생활을 시작하기에 앞서 광야에서 40일 동안 머물면서 준비하셨고, 해 뜨기 전 새벽에 일찍 일어나 설교를 시작하기 전에 홀로 기도할 시간을 찾으셨습니다(마태 4, 1~17; 마르 1, 35~39 참조). 예수님처럼 이런 리듬에 따라 삶을 살 수 있다면, 우리 몸에 얼마나 큰 은총이 될까요! 우리도 육체의 겨울철에 영혼을 다시 풍요롭게 열매 맺을 수 있는 땅으로 회복하는 데 필요한 휴식을 온전히 허용하는 것은 어떨까요? 15세기 인도의 신비주의자이며 시인인 카비르Kabir(1398~1518)는 "눈과 귀가 열려 있으면, 나뭇잎조차도 성경처럼 우리에게 가르침을 준다."°라고 말했습니다.

자연 속의 어떤 것에, 즉 나무나 돌 또는 다른 창조물에 주의를 기울이고, 그것에 완전히 몰입할 때, 우리는 그 내면의 고요함을 느낄 수 있습니다. 이것은 우리 마음속 고요함이라는 장소와 만나는 경험이 됩니다. 그 경험은 우리 모두를 분리하지 않고 통째로 품고 계시는 위대한 존재 안에서 얼마나 많은 것이 편안하게 쉬고 있는지를 체험할 수 있게 합니다. 이런 인식 속에서, 당신 내면에서도 그 고요한 장소를 발견하게 됩니다. 신학자 샤론 테레즈 자야크Sharon Therese Zayac는 이렇게 썼습니다. "토마스 아퀴나스는 이렇게 말했다. '성스러운 경전은 두 권의 책으로 묶여 있다. 하나는 창조세계라는 책이고, 다른 하나는 성경이라는 책이다.' 아퀴나스는 창조세계를 먼저 언급했는데, 창조세계가 최초의 계시이기 때문이다. 우리는 성경에서 하느님을 만나기 훨씬 전에, 창조세계에서 하느님을 알게 되었다."°° 저는 지구를 원초적인 경전으로 비유하는 이런 이미지를 아주 좋아합니다. 지구는 우리가 성경을 만나기 훨씬 전에 만난 성스러운 첫 번째 텍스트입니다.

2003년 10월 어머니가 돌아가셨을 때, 저는 슬픔의 한가운데로 빠져들었습니다. 그 당시 그것은 정말 원하지 않은 여정이었습니

○ Quoted in Joseph Goldstein and Jack Kornfield, *Seeking the Heart of Wisdom: The Path of Insight Meditation* (Shambhala, 2001), 84.
○○ Sharon Therese Zayac, O.P., *Earth Spirituality: In the Catholic and Dominican Tradition* (San Antonio, TX: Sor Juana Press, 2003), 43~44.

다. 매일 나무들 사이를 걷는 것이 가장 큰 위안이 되었습니다. 사람들은 대부분 제가 그 슬픔에서 벗어날 수 있도록 죽음에 관해 설명하려 하거나 이해시키려 하거나 슬픔을 극복하는 데 도움이 되는 말들을 해 주고 싶어 했습니다. 하지만 나무들은 침묵 속에서 묵묵히 서서 그들만의 자연스러운 펼쳐짐을 따르며 그냥 내맡김으로써 빨강과 노랑과 주황으로 찬란하게 물들어 가는 장관을 연출해 주었습니다. 나뭇잎들은 천천히 나뭇가지에서 떨어져 나갔고, 가끔은 가을바람에 자유롭게 흔들리며 떨어지기도 했습니다. 그 나무들 사이를 몇 시간 동안 걸으며, 나무들이 점차 더욱더 앙상해지는 모습을 보며, 그들 본연의 모습으로 돌아가는 과정이 정말 아름답다고 느꼈습니다. 겨울의 황량함은 제 내면의 현실을 그대로 반영했습니다. 이 시기에 저는 겨울과 겨울이 주는 선물의 매력에 푹 빠졌습니다. 지혜로운 영적 지도자 한 분이 제게 질문을 던졌습니다. "당신에게 겨울이라는 이 계절은 무엇을 위한 계절인가요?" 그분은 주변에 펼쳐지는 외부의 계절뿐만 아니라 제 내면의 계절도 살펴보라고 권유했습니다. 그분은 자연의 지혜가 저를 인도하고 은총을 줄 수 있다는 것을 알고 있었습니다.

    그다음 해의 봄이 올 때까지도, 저는 아직 내면에서 꽃을 피워 낼 준비를 하지 못했습니다. 그 과정은 적어도 또 한 해를 더 기다려야 할 것 같았습니다. 하지만 저는 지지받고 있다는 느낌을 받았고, 주변에서 춤추는 경전의 지혜를 읽으며, 제 슬픔이 존중받고 있다는 소리를 들었습니다.

성 멜란젤라와 토끼

6세기의 성녀 멜란젤라 St. Melangell에 관한 이야기는 정말 아름답습니다. 아일랜드 태생인 멜란젤라는 임박한 결혼을 피해서 웨일스로 도망쳐 은둔자로 살기로 마음먹었고, 그렇게 몇 년 동안 웨일스에서 살았습니다. 그런데 어느 날 사냥꾼들이 사냥개를 데리고 들판을 가로질러 토끼를 쫓아왔습니다. 쫓기던 토끼가 멜란젤라가 머물던 은둔처로 쫓겨 들어왔고, 자신을 보호하기 위해 멜란젤라의 망토 속으로 뛰어들어 숨었습니다. 사냥꾼과 사냥개들은 더 이상 토끼에게 가까이 다가갈 수 없었습니다. 그때 그 사냥꾼들과 함께 있던 왕자는 멜란젤라의 존재감에 깊은 인상을 받았기 때문에, 그 은둔처 주변의 모든 땅을 멜란젤라에게 선물하겠다고 제안했습니다. 멜란젤라는 그 땅이 위험에 처한 모든 동물의 보호구역이 될 수 있다는 조건으로만 그 땅을 받을 수 있다고 말했습니다.

이 이야기는 한 창조물의 시혜로운 행동이 왕자에게 하느님의 뜻을 계시해 주었다는 강력한 이야기입니다. 하느님의 뜻은 멜란젤라를 통해 모든 동물을 위한 안전한 보호구역을 가질 수 있도록 하려는 것이었습니다. 자신의 계획이 무엇인지에 집중하기보다 자연이 우리에게 제공하는 것에 더 주목할 때, 우리 마음은 변화할 수 있습니다.

지금도 그 계곡에는 멜란젤라를 기념하기 위한 경당이 남아 있고, 그 장소는 여전히 성역聖域으로 여겨지고 있습니다. 우리는 우리 삶에서 야생의 공간을 찾아 나서야만 합니다. 구속拘束되어 있다고 느끼는 장소에서 벗어나야 할 뿐만 아니라, 휴식과 안전이라는 선물을 받을 수 있는 안식처를 찾아야 합니다. 그곳에서 우리는 다시 야생의 가장자리로 돌아가 자연의 소리를 성경 구절처럼 들을 수 있는 데 필요한 영양분을 찾을 수 있습니다.

경이와 매혹과 놀라움이라는 수행

주변 세계에 무관심해지기는 정말 쉽습니다. 매일 우리를 맞이하는 끔찍한 뉴스의 물결은 때때로 이불 속으로 다시 숨어 들어가고 싶어지도록 만들기에 충분합니다. 미국의 심리학자이자 작가인 샤론 블래키Sharon Blackie는 저서 《매혹된 삶: 일상의 마법 활용하기 The Enchanted Life: Unlocking the Magic of the Everyday》에서 이렇게 썼습니다:

> 궁극적으로, 매혹된 삶을 산다는 것은 상처받고 피폐해진 우리 정신의 조각들을 주워 모아, 그 조각들이 갈망하는 영양을 제

공하는 것이다. 이것은 도전받고 깨어나고 평범함의 중심에 있는 비범함 때문에 근본적으로 흔들리며 감동하는 것이다. 무엇보다도, 매혹된 삶을 산다는 것은 세상과 다시 한번 사랑에 빠지는 것이다. 이것은 능동적인 선택이다. 자신을 위해서만이 아니라, 우리 존재가 그토록 깊고 아름답게 얽혀 있는 광활하고 야생적인 지구를 위해서도 필요한 믿음의 도약이다.○

매혹이라는 수행은 새로운 시각으로 세상을 바라보겠다는 다짐입니다. 이것은 우리의 냉소와 무감각을 떨쳐내고, 일상의 이면에서 희미하게 반짝이는 세계를 다시 발견한다는 것을 의미합니다.

미국의 영성 신학자 스티븐 체이스Steven Chase는 저서 《영적 수행으로서의 자연Nature as Spiritual Practice》○○에서 경이를 느끼는 능력을 개발하는 것을 주요한 영적 수행이라고 설명합니다. 자연에서 초월적인 순간을 얻기 위해, 우리는 애써 노력하지 않습니다. 머리 위 넓은 밤하늘에 반짝이는 수천 개의 별은 우리의 노력으로 인해 우리가 받을 자격이 있어서 누리는 것이 아닙니다. 바다 위로 떠 올랐다 저무는 태양 덕분에, 보라색과 분홍색과 호박색의 음영으로 아

○ Sharon Blackie, *The Enchanted Life: Unlocking the Magic of the Everyday* (Tewkesbury, UK: Septermber, 2018), 12.

○○ Steven Chase, *Nature as Spiritual Practice* (Grand Rapids, MI: Wm. B. Eerdmans, 2011), 34.

름답게 물드는 바다를 볼 수 있는 것도 그렇습니다. 이런 초월적인 순간에 대한 유일하고 적절한 반응은 감사하는 마음으로 그저 고개 숙이고, 우리를 둘러싼 주변에서 이미 작용하고 있는 기도에 동참하는 것뿐입니다.

이 책에서 우리는 자연의 파괴에 대한 슬픔과 애도의 필요성을 확실하게 탐구할 것입니다. 하지만 자연에 대한 또 다른 필수적인 접근 방식은 회의와 절망의 시대에 저항하는 행위로서 경이를 느끼고 매혹되고 놀라움을 체험하는 감각을 기르는 것입니다. 그렇게 해야만 주변 세계의 경전들을 읽을 수 있고, 그 경전들이 무엇을 말하는지 들을 수 있을 것입니다. 우리의 길을 인도하는데, 그들이 도움을 줄 것입니다.

존 발터스 페인트너의 성경 묵상

광야에서 예수의 유혹(루카 4, 1~13)

예수께서는 성령으로 가득 차 요르단강에서 돌아오셨다.
그리고 성령에 이끌려 광야로 가시어,
사십 일 동안 악마에게 유혹을 받으셨다.

그동안 아무것도 잡수시지 않아 그 기간이 끝났을 때 시장하셨다.

그런데 악마가 그분께,

"당신이 하느님의 아들이라면 이 돌더러 빵이 되라고 해보시오."

하고 말하였다.

예수께서 그에게 대답하셨다.

"'사람은 빵만으로 살지 않는다.'라고 성경에 기록되어 있다."

— 루카 4, 1~4

    이 구절은 일반적으로 부활절을 준비하는 시기인 사순절과 관련이 있지만, 저는 크리스마스부터 시작하겠습니다. 루카 복음이 전하는 예수님의 어린 시절은 두 개의 기적적인 수태受胎 이야기로 시작됩니다. 처녀 마리아의 수태와 오랫동안 불임으로 여겨져 왔던, 이미 가임기도 지난 마리아의 사촌 엘리사벳의 수태 이야기입니다. 루카는 천사의 등장과 하늘의 메시지에 관해 기록한 다음, 깜짝 놀란 예비 부모와 기쁨으로 춤추는 태중 아기들에 관해 이야기합니다. 그리고 두 개의 기쁨의 찬가, 즉 마리아의 노래(루카 1, 46~56)와 세례자 요한의 아버지인 즈카르야가 부르는 노래(루가 1, 67~79)가 있습니다. 그리고 이제 상황이 더 이상 특별해질 수 없을 것 같은 순간에, 다시 천사들이 나타나 목자들에게 아기 예수를 방문하도록 함으로써, 이 새로운 왕의 탄생이 평범한 사람들을 위한 것임을 알려 줍니다. 그다음 루카는 예수님의 어린 시절을 엿볼 수 있는 장면을 제공합니다. 그 장면에서는, 미래의 메시아가 예루살렘 성전에 남아서 열두 살이라는 그 어린 나이에 대사제들까지도 깜짝 놀라게 할 만큼 지혜와 가르침이 뛰어났다는 이야기를 전합니다.

루카는 독자들이 예수님을 위대한 영적 지도자로 보지 않도록 아예 여지를 남기지 않습니다. 공생활을 시작하시기 전부터, 모든 표징이 예수님의 신적인 본성과 구원 역사에서의 특별한 역할을 가리킵니다. 하지만 공생활이 시작되기 전에, 우리는 광야에서 시간을 보내는 예수님을 만나게 됩니다.

루카 복음에서, 악마가 광야에서 예수님을 유혹하는 이야기는 〈예수 서사〉에서 다소 특이한 시점에 등장합니다. 세례자 요한이 이미 메시아의 도래를 선포했고, 예수님은 방금 요르단강에서 요한에게 세례를 받고 성령에 의해 기름 부음을 받으셨습니다. 이 장면은 비둘기와 하늘에서 들려오는 목소리와 함께 나타납니다. 그다음 루카는 예수님의 족보를 상세하게 제시하면서, 다윗 왕과 족장 아브라함을 거쳐 아담까지 조상의 족보를 거슬러 올라갑니다. 이 모든 과정은 예수님이 누구신지, 그분의 권위가 어디에서 오는지, 그리고 그분이 무엇을 위해 이 땅에 오셨는지 명확히 하기 위한 것입니다.

하지만 무엇보다도 먼저, 예수님은 광야에서 한 달이 넘는 기간을 은둔하셨습니다. 왜 30년이나 지난 다음(당시 기대수명이 거의 30

세였던 시대에) 공생활을 시작하기 위해 또 다른 40일을 더 기다리셨을까요? 예수님은 도대체 왜 광야로 가셨을까요? 40일 동안 도대체 광야에서 무슨 일을 하셨기에, 그것이 그렇게 중요했을까요?

예수님은 광야에서 아무 일도 하지 않으셨습니다. 그것이 답입니다. 심지어 먹지도 않으셨습니다. 그리고 40일이 끝날 무렵 악마가 나타났을 때도, 예수님은 아무런 행동도 취하지 않으셨습니다. 단지 몇몇 성경 구절을 인용하여 말씀하셨을 뿐입니다.

하지만 '아무 일도 하지 않으셨다'라는 답변은 정확한 답은 아닙니다. 아무 일도 하지 않으셨을지 모르지만, 예수님은 현존現存하셨습니다. 예수님은 창조세계라는 첫 번째 '책'을 읽을 시간을 내기 위해 광야를 찾아 나가셨습니다.

이것이 예수님께서 당신 모범을 통해 우리에게 주시는 교훈 중 하나입니다. 행동하기 전에 반드시 관상이 선행되어야 한다는 것입니다.

그리고 진정한 관상이 이루어지기 위해서, 우리는 자신을 벗어나야만 합니다. 우리를 둘러싸고 있는 소음과 혼란, 그리고 우리 스스로 만들어 내는 혼돈에서 벗어나야 합니다. 예수님은 아주 의도적으로 광야에 나가, 하느님이 창조하신 자연 세계로 들어가 관상을 위한 공간을 찾으셨습니다. 중요한 결정을 내리기 전에 성경 본문을 읽는 것처럼, 인생의 다음 단계를 맞이하기 전에 창조세계라는 원초적 경전을 지혜와 위안의 원천으로 우리도 읽어 볼 수 있습니다. 원초적 경전을 읽기 위해 시간을 보내는 것은, 행동에 나서기 전에 한 걸음 물러서 진정으로 휴식하고 성찰해야 할 필요성을 기억하는 데도 도움이 됩니다.

명상: 리듬에 맞춰 기도하기

우리를 감싸 안고 있는 자연의 리듬과 계절에 주의를 기울이는 단순한 행위에서 배울 수 있는 엄청난 지혜가 있습니다. 자연의 이런 리듬과 계절을 자신의 깊은 체험으로 들어가는 문으로 삼고, 하루 동안의 생산적인 활동과 함께 휴식하는 시간을 허용하는 것에는 지혜가 있습니다.

이른 새벽이라는 문턱의 시간, 지구가 깨어나기 시작하고 새들이 함께 노래 부르며, 우리를 아침 기도 Laudes(해가 뜰 무렵 거행되는 성무일도)로 초대하는 순간이 있습니다.

그다음에는 태양이 빛나는 정오의 찬란함이 찾아옵니다. 이때 수도자들은 육시경 Sexta(정오에 거행되는 성무일도)을 드리면서, 생명의 충만함이 움트는 것을 느낍니다.

이어서 저녁이 부드럽게 내려오고, 황혼이라는 문턱의 시간으로 이어집니다. 저녁 기도 Vespera(일몰에 거행되는 성무일도) 시간이 오면, 까마귀들이 나무에 모여 밤의 도래를 알립니다. 하루의 미완성 과제를 뒤로하고, 고요한 저녁의 시간으로 나아갑니다.

하루는 자정이라는 시간과 자연의 깊은 침묵 속 어둠으로 마무리됩니다. 우리는 신비와 알 수 없는 것에 초대받고, 궁극적인 죽음과 마지막 잠이라는 현실을 인정하게 됩니다.

토머스 머튼은 숲이 그에게 수도원의 기도 방식으로 들어가는 길을 펼쳐 주었다고 자주 썼습니다. 밤은 수도자들이 깊은 침묵으로 들어가는 끝기도 Completorius(하루를 마감하는 시간의 성무일도)의 시간입니다. 나무들은 저녁의 위대하고 아름다운 신비로 들어가는 법에 대해 많은 것을 가르쳐 줍니다. 밤은 또한 우리를 근본적인 무지의 상태로 열어 주고, 슬픔이라는 현실과 애도의 필요성을 가르쳐 줍니다.

이런 성무일도 묵상을 하기 위한 초대는 단순히 알람을 설정하라는 것뿐입니다. (스마트폰의 부드러운 알람은 상당히 이상적입니다.) 알람을 새벽과 정오, 황혼과 취침 시간에 맞춰 설정하십시오. 이런 특정 시간은 계절에 따라 조금씩 달라지겠지만, 그것도 바로 이 수행의 일부입니다. 현재라는 순간을 빛과 어둠이 변화하는 창에 두는 것입니다. 이 각각의 순간에, 잠시 멈춰 1분간의 침묵을 가져 보십시오. 현재라는 이 시간의 초대에 존재하면서, 그 초대가 당신에게 무엇을 고려하라고 요청하는지 들어 보십시오. 새벽은 당신에게 무엇에서 깨어나야 할 것인지 물을 수 있습니다. 정오는 당신 삶에서 어떤 깨달음을 원하는지 물을 수 있습니다. 황혼은 당신이 무엇을 내려놓아야 하는지 물을 수 있습니다. 그리고 어둠은 신비에 당신 마음을 열고, 삶의 질문에 대한 답을 찾으려 하기보다는 그 질문 속에서 살아가도록 요청할 수 있습니다. 이 중요한 순간들을 경전 텍스트로 생각하십시오. 그들 각각이 방향과 목적이라는 감각을 제공할 것입니다.

관상 산책: 계절의 표징에 주의 기울이기

관상 산책을 하러 나가기 전에, 몇 번 깊은 호흡을 함으로써 자신만의 신성한 중심으로 들어가십시오. 당신의 의식을 분석하고 계획하는 머리에서 내려놓아 가슴으로 옮기십시오. 가슴에서는 매 순간을 경이롭게 선물로 받을 수 있습니다. 이 시간 동안 무엇인가를 이루려고 애쓰지 마십시오. 주변 세계에 존재하는 성령의 존재에 귀를 기울이며, 눈과 귀를 열고 조율하십시오. 당신이 처해 있는 지금의 계절을 마음에 새기십시오. 이것을 산책에 대한 인식과 의도로 삼고, 자연이 보여 주는 계절의 징후를 보면서 그것을 성스러운 텍스트로 받아들이십시오.

산책하면서 한 걸음씩 내디딜 때마다, 당신의 관심이 어디로 향하는지 눈여겨보고 귀를 기울이십시오. 땅에 떨어지는 나뭇잎, 나무껍질, 노래하는 참새, 계절을 벗어난 장미꽃에 주목하십시오. 호혜의 정신으로 세계에 접근하면서, 세계의 사물들이 당신에게 말하려 하는 것이 많다는 것을 인식하십시오. 무엇인가가 '반짝'일 때, 즉 어떤 식으로든 무엇인가가 당신의 관심을 끌 때, 그것과 함께 잠시 멈춰서 그것과 당신의 관계를 발전시키는 시간을 가져 보십시오. 그것이 당신에게 어떤 메시지를 전하려는지 잘 살펴보십시오. 그것이 당신의 삶에 어떤 지혜를 제공하려 하는지도 살펴보십시오. 그것이 모든 것 속에서 하느님이라는 존재를 어떻게 말하는지 생각해 보십시오. 그것을 거룩한 경전의 봉헌으로 여긴다면 어떨까요?

이것이 관상 산책 수행의 전부입니다. 걸으면서 현존하는 것입니다. 깊은 호흡을 하면서 지금이라는 순간으로 계속 돌아가기 위해, 당신을 부르는 것들을 존중하면서, 자연이 주는 선물과 자연이 당신에게 제공하는 것들에 귀 기울이는 시간을 가지십시오. 자연에서 가져갈 수 있는 선물이 있는지 잘 살펴보십시오. 그것은 자연에서 온 어떤 물건일 수도 있고, 카메라로 포착한 이미지일 수도 있습니다. 그리고 그 선물과 함께 경이로움 속에서 시간을 보내십시오.

집에 돌아온 다음, 당신 체험에 대해 일기를 쓰는 시간을 가져 보십시오. 당신이 주목하고 발견한 것들에 대해 성찰하십시오. 그 원초적인 경전이 당신에게 무엇을 계시하는지 생각해 보십시오.

허브의 초대: 성스러운 목욕

많은 종교 전통에서, 물은 의례儀禮의 중심적인 원소입니다. 그리스도교 전통에서, 물은 세례식과 성수聖水 축복을 통해 강력한 갱신 체험을 하게 만드는 것으로 간주했습니다. 예수는 당신 제자들의 발을 씻겨 주셨습니다. 유대교 전통에서는, **미크바**mikvah가 정화와 갱신과 정결을 위한 종교 의례적인 목욕입니다.

허브를 족욕에 사용해 볼 것을 권유합니다. 원한다면 전신 목욕을 할 수도 있지만, 발만 담그는 족욕만으로도 훌륭한 치유 체험이 되며, 때로는 접근하기 더 쉬울 때도 있습니다. 이 과정에서는 어떤 종류의 허브라도 사용할 수 있지만, 금잔화(메리골드)가 특히 피부에 좋습니다. 만일 다른 허브가 없다면, 티백으로 된 허브 몇 개를 사용할 수도 있습니다.

발을 담글 수 있는 양동이나 작은 욕조가 필요합니다. 깊은 세숫대야 두 개를 사용할 수도 있습니다. 약 2컵의 뜨거운 물을 끓인 다음 양동이에 부어 주십시오. 그다음 선택한 말린 허브나 신선한 허브를 넣고 8~10분 정도 우려냅니다. 기본적으로 매우 강한 허브차를 만들어서, 그 허브 식물의 특성을 끌어내는 과정입니다. 그다음 욕조를 채우기 위한 따뜻한 물을 추가해서 발을 담그기에 편안한 온도로 조절하십시오. 만일 천일염이나 (의약품의 재료가 되는) 엡솜 소금이 있다면, 족욕의 이완 효과를 높이기 위해 소금 한 줌을 추가할 수도 있습니다.

족욕을 할 때 욕조의 물속에 떠다니는 허브가 발에 닿아 불편하거나, 나중에 욕조에서 허브를 씻어 낼 일이 걱정된다면, 먼저 다기를 사용해서 머그잔에 진한 허브차를 우려낸 다음, 욕조에 그 차를 부어 사용할 수도 있습니다.

물을 준비하고 허브를 넣으면서, 물과 허브의 원천에 대한 인식을 유지하십시오. 우리에게 물을 가져다주는 큰비를 상상하고, 산들바람에 춤추는 허브꽃과 식물이 가득한 들판을 떠올려 보십시오.

잠시 멈추고, 이 시간을 위해 기도하십시오. 이 순간 당신은 자신에게 부드러운 자기-돌봄이라는 행위를 하고 있습니다. 현재 당신 삶에서 치유가 필요한 부분은 무엇인가요? 당신 삶에서 속도를 늦추고 멈춰야 할 것은 무엇인가요? 성찰할 시간이 필요한 것은 무엇인가요? 무엇이 치유되어야, 당신의 빛이 온전히 충만하게 빛나며 뻗어 나갈 공간을 만들 수 있을까요? 지원이 필요하다면, 무엇이든 요청하십시오. 활동하시는 성령의 현존이 물과 허브를 축복해 주기를 기도하십시오.

천천히 발을 물속에 담그면서, 당신 몸을 감싸는 따뜻함을 느껴 보십시오. 천천히 깊게 세 번 숨을 들이마시고, 당신 몸의 어느 부분이 부드러워질 필요가 있는지 살펴보십시오. 그곳으로 당신 숨을 보내십시오.

욕조에 발을 담근 상태에서, 허브와의 교감을 통해 당신과 지구가 연결되는 모습을 상상하십시오. 허브를 잘 자라게 지지해 준 흙에게 지속적으로 안정적인 지원을 요청하면서, 당신 삶에서 성장을 위해 필요한 것이 무엇인지 흙에게 청하십시오. 꽃들이 찬란하게 빛날 수 있도록 도와주는 태양의 밝은 영감을 불러들이십시오. 허브가 자랄 수 있도록 도와주는, 영양소를 운반하는 빗물도 불러들여 건조하고 메마른 당신 삶의 곳곳으로 흐르도록 청하십시오. 이 체험의 각 측면이 거룩한 지혜를 제공하는 경전의 한 구절이라고 상상해 보십시오

계속해서 발을 물에 담근 채 긴장을 풀고 이완하면서, 당신 몸이 어떻게 느끼는지 몸의 감각에 주목하십시오. 10~15분 정도 충분히 휴식을 취하면서, 발을 푹 담그는 시간을 가지십시오. 당신 발이 걸어온 그 모든 길에 감사의 마음을 표현하십시오.

족욕이 다 끝난 다음, 발을 존중하며 조심스럽게 닦아 주십시오. 그 발이 당신을 세상으로 걸어 나갈 수 있게 해 준 것에 대해 감사하는 마음으로 크림이나 오일을 듬뿍 발라 주는 것도 좋습니다. 허브 그 자체, 그리고 치유와 회복이라는 허브의 선물에도 감사하는 마음을 전하십시오.

체험이 끝난 후, 잠시 조용히 시간을 보내면서 무엇이 당신 마음을 움직였는지 살펴보십시오. 특히 자기 돌봄을 위한 시간이 반가웠는지, 아니면 그 시간이 불편하고 도전적이었는지 주목하십시오. 판단하지 말고 그냥 느끼십시오. 그리고 필요하다면 일기에 발

견한 것을 기록하고, 짧게라도 메모하는 시간을 가져 보는 것이 좋습니다.

시각 예술 체험: 관상 사진

2장에서 시각 예술 체험은 앞에서 설명한 관상 산책과 함께 진행할 수 있습니다. 관상 산책에서는 계절의 징후에 주목하며 산책하라고 초대했습니다. 이 산책을 시각 예술 체험으로 만들기 위해서는 카메라를 가지고 산책하시면 됩니다. 스마트폰 카메라와 같은 간단한 것도 좋습니다.

《마음의 눈: 관상 수행으로서의 사진 찍기 Eyes of the Heart: Photography as a Contemplative Practice》○라는 책에서, 저는 사진을 "찍는 것 taking"과 "받는 것 receiving"의 차이에 관해 썼습니다. 사진을 찍는 것은 서구 문화에 널리 퍼져 있는 소비주의적이고 탐욕적이며 결핍에 집중하는 사고방식을 반영합니다. 사진을 받는 것은 모든 삶을 선물로 보는 관상가로의 부르심이며, 주시는 은총을 경이로움과 감사함으로 받

○　Christine Valters Paintner, *Eyes of the Heart: Photography as a Contemplative Practice* (Notre Dame, IN: Ave Maria Press, 2013). (크리스틴 발터스 페인트너 지음, 신혜정 옮김,《마음, 사진을 찍다: 마음의 눈을 뜨게 만드는 사진 찍기》, 북노마드, 2014)

아들이는 내면의 모습입니다. 열린 마음으로 세계를 거닐면서, 어떤 선물과 은총이 찾아오는지 주의를 기울이십시오. 카메라 렌즈의 프레임은 그들을 새로운 방식으로 볼 수 있게 당신을 도와주고, 나중에 당신이 만난 것들을 다시 성찰할 수 있게 합니다. 만일 가능한 한 많은 이미지를 "포착"하려 애쓰고 있음을 알아차리면, 그저 잠시 멈춰 깊게 호흡하십시오. 그 순간에 몸을 부드럽게 하면서, 이미지를 선물로 받아들이는 방향으로 인식을 전환해 보십시오.

집에 돌아온 다음, 선물로 '받은' 이미지들과 함께하는 시간을 가지십시오. 당신에게 특별히 빛났던 이미지가 무엇인지 주목하고, 그 이미지를 거룩한 텍스트로 간주하십시오. 그 이미지로부터 촉발된 감정이나 생각에 대해서 일기를 쓰십시오.

글쓰기 탐구: 응답의 순환 방식

이 글쓰기 연습은 메리 레이놀즈 톰슨과 케이트 톰슨Mary Reynlds thompson and Kate Thompson의 《환경표현요법Environmental Expressive Therapies》⁹에 나오는 작업을 기초로 제가 조금 수정한 것입니다.

글쓰기를 시작하기 위해, 우선 지난 일주일 동안 당신이 자연에서 만났던 그 무엇을, 아마도 관상 산책 중에 발견했던 그 무엇을 생각해 보십시오. 잠시 깊은 호흡을 하면서 지난 계절을 되돌아보고, 무엇이 떠오르는지 살펴보십시오. 그다음 이런 성찰에 대해 각각 5분 정도 자유롭게 글쓰기를 하십시오.

1. 무엇이 당신에게 어떤 감정을 불러일으켰나요? 무엇이 당신 삶의 어떤 측면을 반영하나요?
2. 당신은 자연에서 어떻게 그 무엇의 언어를 배울 수 있을까요? 자유롭게 글을 쓴 다음 잠시 멈추고, 당신을 놀라게 한 것이 무엇인지 살펴보십시오.
3. 당신을 끌어당겼던 그 무엇을 당신 내면으로 가져가서 글을 쓰십시오. "**[그 무엇]은 내 내면의 (……)을 알고 있다.**"라고 쓰십시오. 그다음 당신 반응을 탐구하며 계속 글을 쓰십시오. 자유롭게 글을 쓴 다음, 다시 한번 잠시 멈추고 당신을 놀라게 한 것이 무엇인지 살펴보십시오.

이 체험은 첫 번째 성찰인 자아의 원圓, 두 번째 성찰인 생태적 원, 세 번째 성찰인 우주적 원에 대한 인식을 기르는 수행입니다. 이 세 가지 원은 자연과 상호 작용하고 응답하는 서로 다른 방식을

○ Mary Reynlds thompson and Kate Thompson, "Inner and Outer Landscape," in *Environmental Expressive Therapies* (New York: Routledge, 2017), 78~99. 저는 또한 메리 레이놀즈 톰슨의 《야생의 영혼 되찾기 *Reclaiming the Wild Soul*》를 적극 추천합니다.

나타냅니다. 자아의 원은 우리의 개인적인 감정과 경험을 나타냅니다. 생태적 원은 내면세계와 외부 세계를 연결하는 다리 역할을 합니다. 자연이나 현재 우리가 있는 장소와의 관계 속에서, 우리가 자신을 인식하는 영역입니다. 우주적 원은 지금까지 존재해 왔던 모든 것을 포괄하며, 초월적인 감각과 연결됩니다. 여기서 우리는 우주에 대한 깊은 소속감을 느끼게 됩니다. 자신이 모든 것과 얽히고 엮여 있다는 것을 깨닫게 되며 분리는 사라집니다. 갑자기 모든 창조물이 계시의 원천으로 보이며 원초적인 경전으로 인식됩니다.

이전 참가자들의 시

오직 은총으로

어떻게 그렇게 사는 거니,
작은 깜짝 도요새야?
어떻게 그렇게 살 수 있니?
어떻게 은총으로만 살 수 있니?

네게 그것은 진실이구나,
하느님께서 은총을 주신다는 것을 아는 것
알겠어.

너는 결코 그것을 의심하지 않는구나.

그리고 때가 되면, 기꺼이 너를 내맡기겠지.

너의 거룩한 몸이 개미들에게 유린당해도.

어떻게 그렇게 사는 거니,

작은 깜짝 도요새야?

어떻게 그렇게 살 수 있니?

오직 믿음으로만 사는 것은 도대체 어떤 거니?

— 이베트 에바엔(Ivette Ebaen)

내 안의 파도는 알고 있어요.

내게 목적과 목적지와 선물이 있다는 것을

깊은 곳에서 쉬고, 소용돌이칠 시간이 있다는 것을

그리고 여정에 참여할 시간이 있다는 것을.

나는 더 큰 부르심의 일부예요.

다른 사람들과 함께하는 공동체로

하느님의 깊은 것들을 전달하는

쌓아 두기 위해서가 아니라 나누기 위한,

위험으로 가득 찬 여정에서 끈기 있게 인내하며,

내가 통제할 수 없는 것들에 의해 변화되고,

자연의 힘과 다른 사람에 의해 영향을 받지요,
시간의 파도에 휩쓸리며 몇 걸음씩 앞으로 나아가고
변화되는 것을 인내하죠.

때로는 후퇴하기도 하지만,
또 다른 사람의 힘에 이끌려 계속 나아가고,
해안에 매달려서,
햇살 아래 다이아몬드처럼 반짝이면서,
삶의 밀물과 썰물이라는 파도 속에서 살아가고 있어요.

— 린다 홈스(Linda Holmes)

성찰 하나. 무엇이 당신에게 어떤 감정을 불러일으켰나요? 무엇이 당신 삶의 어떤 측면을 반영하고 있나요?

나는 처음처럼 지금도 아름다운 화환(소용돌이)에 끌리고 있어요. 화환은 문 앞의 따뜻한 쪽에서 쉴 수 있도록 친절하게 허락해 주는 동시에, 자연이 기다리고 있다는 것을 상기시켜 줘요! 겨울잠은 치유가 되고, 탐험은 활력을 주지요.

성찰 둘: 당신은 자연에서 어떻게 그 무엇의 언어를 배울 수 있을까요?

나는 화환의 언어를 배우면서, 삶이 직선이 아니라는 것을 깨달았어요. 그리고 화환, 그 소용돌이에서 나선이라는 단어를 배웠죠. 우리는 언제나 다시 시작하고 있다는 것을 알게 됐어요.

성찰 셋: 당신을 끌어당겼던 그 무엇을 당신 내면으로 가져가서, 글을 쓰십시오. "[그 무엇]은 내 내면의 (…)을 알고 있다."라고 쓰고, 그것에 대한 당신 반응을 탐색하기 위해 계속 글을 쓰십시오.

내 안의 화환은 내 삶이 나만의 찬란한 속도로 발견되기 위해, 여기에 내가 존재한다는 것을 알고 있어요.

— 브리짓 오그래디(Bridget O'Grady)

~ 아침 달이 지는 ~

느낌: 보이거나 보이지 않거나 항상 존재하는 달(자기)과 하나 됨을 느낌

언어: 성찰하는 단어를 넘어선 달의 언어, 부드럽고, 강인하고, 치열하고, 차분하고, 진실한 ~

내 안의 달은 알고 있어요: 진정한 자기는 온전하고, 자유롭고, 경이로움과 슬픔과 위안, 사랑과 신비로 가득 차 있음을 알고 ~ 자신의 본성에 충실하며 ~ 존재하는 그대로 진정성이 있어요~

내 안의 달은 알고 있어요 ~

— 조앤 하이저(JoAnn Heiser)

마무리 축복 기도

2장에서는 지구가 원초적인 경전이라는 관점을 고려해 보라고 초대했습니다. 우리가 낮과 밤이라는 하루와 계절의 리듬에 주의를 기울이는 것이 삶을 더 부드럽게 살아가는 지혜를 어떻게 제공할 수 있을까요? 가을과 겨울뿐만 아니라 황혼과 밤을 존중하며 살아가는 것이 봄과 여름이라는 우리 문화와 균형을 이룰 때 어떤 은총을 우리에게 제공할 수 있을까요?

> 끊임없이 삶의 축하 노래를 부르는 새들의 너그러움에
> 감사를 드립니다.
> 새들의 지저귐, 지저귀는 소리, 짹짹거리는 소리,
> 비둘기의 구구거리는 소리, 그리고
> 부엉새의 부엉부엉하는 소리가
> 계속해서 이 땅을 축복하길 바랍니다.

> 매년 봄 사랑스러운 보라색 드레스를 입고
> 부드러운 바람 속에서 기뻐하며 춤을 추면서
> 풍경을 보라색으로 물들이는 야생 진달래에게
> 감사를 드립니다.

가루받이꽃粉라는 중요한 작업을 함으로써,
지구의 풍요로움을 지속적으로 보장해 주는
열심히 윙윙거리는 벌들에게도 감사를 드립니다.

비와 태양을 막아 주는 그늘과 덮개를 제공하고,
위엄 있고 조용한 증인으로 우뚝 서서 꽃을 피우고,
벌이 윙윙거리고 새가 지저귀는 세계를
보호해 주는 나무들의 장엄함에 감사를 드립니다.

이 모든 경이로운 것에 대해,
그 모든 것으로 인해 하느님께 찬미를 드립니다.

― 캐럴 스콧-캐스너(Carol Scott-Kassner)

3

지구,
최초의 성도

창밖으로 보이는 층층나무의 연한 빛깔 꽃들은
성도聖徒이다…
강물 깊이 숨어 있는 농어와 송어들은
그 아름다움과 용기로 성화聖化되었다.
언덕 사이에 숨겨진 호수들도 성도이다.
바다 또한 그 장엄한 춤사위로
끊임없이 하느님을 찬미하는 성도이다.

— 토머스 머튼, 《새 명상의 씨 New Seeds of Contemplation》°

° Thomas Merton, *New Seeds of Contemplation* (New York: New Directions Books, 1961), 30~31. (토머스 머튼 지음, 오지영 옮김, 《새 명상의 씨》, 가톨릭출판사, 2020, 45~46쪽)

시인 데이비드 화이트David Whyte는 〈깨어날 때 기억할 것〉이라는 그의 시에서 "우리는 왜 유일하게 창조세계에서 자신의 꽃 피움을 거부할 수 있는 특권을 가진 끔찍한 창조물이 되었는가?"라는 아름다운 구절을 남겼습니다.º 화이트는 우리에게 각성을 촉구하고 있습니다. 창조된 모든 것이 자신을 꽃피움으로써 온전함을 향해 나아가려는 자연스러운 충동이나 본능을 갖도록 탄생했다고 상상해 보십시오. 인간 존재로서 우리는 왜 이런 부르심에 저항하기 위해 그렇게 열심히 노력하는 것일까요?

3장을 시작한 인용문 바로 다음 문장에, 토머스 머튼은 이렇게 썼습니다. "내게 성도가 된다는 것은 바로 나 자신이 된다는 것을 의미한다. 따라서 성화와 구원이라는 문제는 사실 나 자신이 누구

º David Whyte, *River Flow: New and Selected Poems* (Many Rivers Press, 2007), 351.

인지 알아내는 문제이며, 진정한 자기를 발견하는 문제이다. 나무와 동물들은 그런 문제를 겪지 않는다. 하느님께서는 그들을 무엇으로 만드실지 상의하지 않으시고 지금의 그들을 만드셨다. 그들은 그것에 완전히 만족한다. 하지만 우리 인간의 경우는 다르다. 하느님께서는 우리에게 원하는 대로 무엇이든 될 수 있는 자유를 주셨다. 우리는 우리가 원하는 대로 될 수도 있고, 그렇지 않을 수도 있다. 현실이 될 수도 있고, 비현실이 될 수도 있다. 우리는 진실할 수도 있고, 거짓될 수도 있다. 선택은 우리의 몫이다."◦ 동물들은 식별하기 위해 시간을 보내지 않으며, 나무들은 자기 소명을 듣기 위해 은둔하지 않습니다. 그들은 단순히 창조된 대로 존재할 뿐입니다. 그리고 그런 단순한 증거를 통해 그들은 저항하지 않고 내맡기며, 하느님의 의도대로 펼쳐지는 길을 스스로 드러냅니다.

우리는 일상생활의 산만함에서 벗어나 침묵 속에서 시간을 보낼 필요가 있습니다. 우리가 받은 은사를 식별하고 축하할 수 있도록 도와줄 인도자가 필요합니다. 또한, 우리 자신이 되도록 부르심을 받은 바로 그 존재가 되기를 거부하고 저항하는 우리의 그림자 측면을 식별하는 것을 도와줄 지혜로운 그 '누군가'도 필요합니다.

머튼의 말처럼, 동물과 자연의 원소들은 주저함이 없이 자신의 충만함을 살아갑니다. 그 안에서 우리는 진정한 의미의 성도가 된

◦ Merton, *New Seeds of Contemplation*, 31~32. (머튼, 《새 명상의 씨》, 46~47쪽)

다는 것이 무엇인지, 즉 온전히 자신이 된다는 것이 무엇을 의미하는지 발견할 수 있습니다. 나무와 꽃들은 창조된 자기 모습 이외의 다른 존재가 되려고 노력하지 않습니다. 그들은 자신의 진정한 본성을 거부하지 않음으로써, 어떻게 성도로서 자신의 삶을 살아낼 수 있는지 우리에게 가르쳐 줍니다. 성도가 된다는 것은 본질적인 본성을 받아들이는 것을 의미하며, 이것이 우리의 소명을 실현하는 길입니다. 13세기 베긴Beguine 운동의 일원이었던 독일의 신비주의자 마그데부르크의 메히틸다Mechtild of Magdeburg(1207~1282/1294)는 이렇게 썼습니다. "진정으로 지혜로운 사람은 모든 창조물의 발치에 무릎을 꿇고, 다른 사람들의 조롱을 견디는 것을 두려워하지 않는다."◦

머튼은 성도가 된다는 것이 바로 '나 자신이 되는 것'이라고 말했습니다. 이 말은 매우 간단하게 들리지만, 이것이 얼마나 도전적인 일인지 우리는 잘 알고 있습니다. 우리 스스로 앞에 쌓아 놓는 장애물이 얼마나 많은지, 몇 해 동안 쌓아 온 두려움과 저항이라는 층이 얼마나 두꺼운지, 특정한 방식으로 다른 사람들에게 보이기를 원하면서 우리 자아가 특정한 이미지와 정체성에 얼마나 강하게 집착하는지 우리는 잘 알고 있습니다.

◦ Quoted in Matthew Fox, *Original Blessing: A Primer in Creation Spirituality* (New York: Jeremy Tarcher, 2000), 69. (매튜 폭스 지음, 황종렬 옮김,《원복: 창조영성 길라잡이》, 분도출판사, 2001, 72쪽)

머튼의 이런 말을 곰곰이 생각하면서, 온전한 자신이 되라는 이 부르심에 귀 기울여 보기를 바랍니다. 또한, 자신의 길을 막고 있는 것에서 벗어나는 최고의 방법을 찾는 데 집중하기를 바랍니다. 마음을 부드럽게 하고 유연하게 만들어, 새로운 통찰과 비전을 받아들일 준비를 하십시오. 고요함 속에서 떠오르는 지혜에 귀 기울이고, 그 지혜를 당신 공동체와 함께 나누는 것을 잊지 마십시오.

이것은 매우 도전적인 과제처럼 느껴질 것입니다. 사실 이것은 평생에 걸친 여정입니다. 머튼이 우리에게 제시하는 지혜는 다음과 같습니다. 온전한 인간이 된다는 것은 자연과 연결되어 자연의 지혜와 인도를 받는다는 것을 의미합니다. 즉, 나무들 사이에서 나무와 함께 살면서 태양과 달의 리듬 속에서 살면서, 밀물과 썰물의 흐름, 그리고 산이라는 강인한 존재를 느낀다는 것은, 우리 내면에도 이들이 존재한다는 것을 서서히 느낀다는 것을 말합니다. 이들을 스승이나 멘토로 인식하는 것은 우리 스스로 진정성을 따르는 길에 대한 영감을 제공합니다. 창조세계 자체가 원초적인 성도이며, 그들은 그 무엇도 강요하거나 억제하지 않고 온전한 자신이 된다는 것이 무엇을 의미하는지 증언합니다.

성도가 된다는 것은 거룩함의 이미지를 인위적으로 만드는 것, 즉 다른 사람을 모방하는 방식으로 신앙을 실천하는 것을 의미하지 않습니다. 성도가 된다는 것은 이 세계에서 당신만의 독특한 표현을 찾는 것이며, 태어날 때 당신의 내면에 심어진 거룩함의 씨앗을 발견하는 것을 의미합니다. 당신은 성스러움의 계시입니다. 당신과 같은 계시는 오직 당신 하나뿐입니다. 자연은 당신이 이 진리를 주장하고 살아가는 데 도움을 줄 수 있습니다.

원초적인 수도자로서의 동물들

아일랜드의 초기 수도자 중 한 분인 성 치아란 St. Ciaran(516~549)이 하느님에 의해 길들여진 야생 멧돼지를 만난 이야기가 전해져 내려옵니다. "바로 그 멧돼지가 성 치아란의 첫 번째 제자이자 수도자였다고 할 수 있다. 그곳에서 하느님의 사람인 치아란이 지켜보는 가운데, 그 멧돼지는 엄청난 힘으로 작은 나뭇가지와 풀을 힘차게 이빨로 뜯어 오두막을 짓기 시작했기 때문이다." 멧돼지 스스로 자신을 위한 오두막을 다 짓고 나자, 다른 동물들도 그들의 굴에서 나와 치아란을 따랐습니다. "그들은 마치 성 치아란의 제자들인 것처럼, 모든 일에서 성인의 말에 순종했다."°

저는 동물들을 성 치아란의 첫 번째 수도자로서 묘사한 이 이미지가 정말 마음에 듭니다. 동물들이 최초의 치아란 공동체를 형성

° 이 이야기는 동물과 사막 교부와 켈트 수도자들의 만남에 관한 이야기를 담은 헬렌 워델(Helen Waddell)의 놀라운 책 《짐승과 성자 Beasts and Saints》(Grand Rapids, MI: Wm. B. Eerdmans, 1996)의 93~94쪽에 실려 있다.

했다는 점도 좋습니다. 사막 교부 전통과 켈트 수도원 전통이 주는 큰 기쁨 중 하나는 성인들이 동물들과 특별한 유대 관계를 맺었다는 이야기가 풍부하다는 것입니다. 이것은 그 성인들의 거룩함을 나타내는 상징으로 여겨집니다.

소르니Sourney라는 선물

우리의 반려견 소르니는 2018년 2월 초 임볼크Imbolc 때 우리 삶에 들어왔습니다. 임볼크는 켈트 전통에서 봄의 첫 징조가 나타나는 명절이자 성 브리지다St. Brigid의 축일입니다. 그 이전 3년 동안 존과 저는 크리스마스 연휴에 개 몇 마리를 임시로 보호했습니다. 연휴 동안에는 아일랜드의 공공 보호소가 문을 닫기 때문에 구조단체에는 돌봐 주어야 할 개들이 넘쳐 납니다. 그해 크리스마스에 우리 둘 다 심한 독감에 걸렸지만, 1월 말쯤 건강을 회복하고 기운을 되찾기 시작하자 매년 접하던 개들의 에너지를 우리가 그리워하고 있다는 것을 깨달았습니다. 곧 구조단체에 연락해서, 추가적인 돌봄이나 도움이 필요한 개가 있는지 알아보았습니다.

구조단체는 빠르게 우리에게 연락을 주었습니다. 차임Chime이라는 이름의 페터데일테리어가 구조단체에 여러 달 동안 있었기 때문에, 구조단체는 차임이 보호소 생활에서 잠시 벗어나 휴식을 취하는 것이 좋겠다고 생각했습니다. 차임을 집으로 데려온 후, 우리는 차임이라는 이름이 발음하기도 어렵고 기억하기도 힘들다는 것을 금방 깨달았습니다. 차임은 매우 조용했기 때문에, 우리는 차임을 소르니라 부르기로 했습니다. 지역 성인인 소르니는 성지가 두 곳 있다는 것 이외에는 자세하게 알려진 정보가 거의 없습니다. 우리의 반려견은 자신의 새로운 이름에 활기를 띠면서 귀를 쫑긋 세웠습니다. 그래서 소르니라는 이름이 정해졌습니다.

  몇 주가 지나 소르니가 우리 집 생활에 잘 적응해 가면서, 저는 소르니가 아주 특별한 개라는 것을 깨달았습니다. 소르니는 우리 삶에 아주 잘 어울렸습니다. 매우 조용하고 온순했으며, 매일 아침 늦게까지 잠자는 것을 좋아했습니다. 우리가 안아 주는 것을 아주 좋아했지만, 매일 함께 산책하러 밖으로 나가는 것도 좋아했습니다. 사진을 구조단체에 보내어 소르니를 키울 사람을 다시 찾으려는 시간이 다가왔을 때, 사실 저는 많이 망설였습니다. 일하기 위해 너무나 자주 여행을 다녀야 했기 때문에, 반려견을 입양하기에 최적의 시기는 아니었습니다. 하지만 다시 한번 삶에 반려견을 들여놓는 것을 고려해야 할 때가 온 것 같다는 느낌이 들었습니다.

  우리는 소르니를 입양했습니다. 집에서 다시 반려견의 에너지를 느낄 수 있게 되어 매우 감사했습니다. 수면과 음식과 긴 산책이라는 리듬은 도시에서 생활하는 우리에게 상당한 안정감을 주었습니다. 소르니는 충실한 존재였고, 사람들과 함께 있는 것을 매우 좋아했습니다. 지금 당장 내 삶에서 개를 키울 시간이 없다는 생각에 따라 행동했다면, 이 시기에 저를 지탱해 준 소르니의 사랑과 애정이라는 큰 선물을 놓쳤을 것입니다. 소르니는 매일 경이로움과 기쁨의 원천이 되어 주었을 뿐만 아니라, 자신의 길을 따른다는 것이 무엇을 의미하는지 제게 상기시켜 주었습니다. 소르니는 자신이 아닌 다른 어떤 존재가 되려고 하지 않았으며, 의심과도 싸우지 않았습니다. 대신 온전히 아름다운 개로 존재하면서, 존재 자체로 은총의 완벽한 증인이 되었습니다. 소르니는 성도가 된다는 것이 무엇을 의미하는지 증명해 주었습니다.

성 프란치스코와 메뚜기

아시시의 성 프란치스코에 관한 사랑스러운 작은 이야기가 있습니다. 어느 겨울밤, 수도원 주위에 눈이 펑펑 내렸습니다. 프란치스코의 형제 수도자들은 모두 따뜻한 침대에 누워 있었습니다. 밤 기도 시간이 되었을 때, 그들 중 누구도 일어나려 하지 않고 편안한 잠을 선택했습니다.

　프란치스코 혼자 경당에 도착했습니다. 다른 사람이 아무도 없었기에, 홀로 그곳에 앉아 기도를 시작했습니다. 잠시 후 문이 열리더니, 친구인 메뚜기가 들어와 프란치스코와 함께 밤 기도를 했습니다.

프란치스코가 창조물과 친밀한 관계를 맺었다는 이야기들 중에서 특히 눈 내리는 밤에 프란치스코의 기도를 도와주기 위해 나타난 친구 메뚜기에 관한 이 이야기를 저는 정말 좋아합니다. 이 이야기는 동물 동반자가 거룩한 삶의 징표가 될 수 있다는 진리를 떠올리게 합니다. 모든 창조물이 이미 하느님께 영광을 노래하고 있다는 시편 말씀도 떠오릅니다. 이 이야기에는 경이驚異라는 감각이 있습니다. 어둡고 추운 밤의 한가운데, 그 공간에는 경이의 가능성이 여전히 열려 있습니다.

감사 수행

5세기 이탈리아의 수도자이자 신비주의자인 누르시아의 성 베네딕토는 그의 《수도 생활 규칙》에서 공동체 구성원 상호 간의 만족스러운 태도를 권장합니다. 어떤 상황에 부닥치더라도, 베네딕토회의 수도자는 현재라는 그 순간에 어느 정도 만족을 찾아야 한다고 규칙은 가르칩니다. 권위나 지위를 앞세워 '스스로 특권을 누릴 자격이 있다고 여기는 자기 권리 의식sense of self entitlement'과 과도하게 부풀려진 욕구가 만연한 현대 세계에서, 자신이 가진 것에 만족하는 법을 배우는 것은 혁명일 수도 있는 상당한 잠재력이 있습니다. 이것은 불필요한 갈망을 줄이고, 현재 자신이 가진 것에 만족하는 것을 의미합니다.

우리 삶에서 만족이라는 이런 태도를 장려하는 한 가지 방법은 바로 감사입니다. 감사는 우리가 무엇인가 받는 것을 당연하게 여기지 않고, 오히려 세계에 빚진 것이 아주 많다고 여기는 삶의 방식입니다. 우리가 무언가를 가지고 있다는 사실, 즉 우리의 생명과 호흡, 가족과 친구, 쉼터와 웃음 또는 다른 단순한 즐거움 등을 가지고 있다는 것은 모두 감사하고 축하할 이유가 됩니다. 그 누구도 특별한 은총을 받을 자격이 없음을 인식할 때, 우리는 이 모든 것을 선물로 여기는 삶의 방식을 기를 수 있습니다.

매일 아침, 잠에서 깨어나 가장 기본적인 선물인 생명 그 자체에 대한 감사를 표현하면서 하루를 시작할 수 있습니다. 또 다른 하루를 살고 사랑할 수 있는 것에 감사하며 깨어날 수도 있고, 우리의 호흡과 하루를 살아갈 수 있게 해 주는 육체에 감사할 수도 있습니다. 그다음 우리의 집과 피난처라는 장소에 대해, 그리고 우리에게 중요한 모든 것에 감사할 수 있습니다. 감사는 우리가 건전한 금욕주의를 기르고, 소비주의를 거부할 수 있게 만드는 하나의 방법입니다.

감사는 아주 작은 인정에서 시작할 수 있는 실천이며, 우리 존재의 모든 측면으로 확장될 수 있습니다. 이런 인식을 우리 삶에서 기르는 하나의 간단한 방법은 매일 밤 감사 목록을 작성하며 하루를 마무리하는 것입니다. 크고 작은 은총의 순간을 모두 떠올리면서,

감사함을 느꼈던 5~10개 정도의 일을 매일 적을 수 있습니다. 이것은 그날 하루의 삶에서 부족했던 부분에 대해 곱씹는 것이 아니라, 받은 선물에 감사하며 하루를 마무리하는 방법입니다. 이렇게 감사라는 인식을 기록한 노트를 일기나 유리병에 보관해 두었다가, 일정 시간이 지난 후에 다시 읽어 보면 당신 가슴을 부풀어 오르게 했던 것들을 발견할 수 있습니다. 거기에서 어떤 패턴을 발견하는지 주목해 보십시오.

감사는 우리의 삶에 대한 접근 방식을 더 열린 마음으로 관대하고 기쁜 것으로 변화시키는 힘이 있습니다. 일상을 냉소적으로 지내거나 부담감을 느끼며 지내는 것보다는, 의식적으로 우리 생각에서 감사를 선택할 수 있습니다. 이것은 불의나 학대에도 감사를 표현해야 한다는 의미가 아닙니다. 우리는 불의나 학대에 대해서는 저항하라는 부르심을 받았습니다. 하지만 더 큰 기쁨에 접속하여 존엄성과 친절을 위해 싸워야 할 필요가 있는 순간들을 위해, 감사는 자신을 충전할 수 있다는 것을 의미합니다. 감사는 기쁨으로 넘쳐흐르고, 우리가 자신보다 더 큰 무언가와 연결되어 있다고 느끼게 합니다.

감사를 일상적인 생활방식으로 실천할 때, 우리는 모든 것이 선물이라는 것을 인식하며 살아갈 수 있습니다. 베네딕토회 수사인 데이비드 스타인들-라스트David Steindl-Rast, O.S.B.는 존과 저에게 매우 의미가 있는《감사, 기도의 핵심: 충만한 삶에 이르는 길

Gratefulness, The Heart of Prayer: An Approach to Life in Fullness》◦이라는 책을 썼습니다. 이 책에서 데이비드 수사는 삶을 풍요롭게 만드는 생활방식인 감사의 삶으로 우리를 초대합니다. 감사는 자신의 '고결함(성스러움)'을 기르는 아름다운 방법이며, 우리가 받은 선물을 존중하고, 우리 손이 닿지 않는 것에 대한 갈망을 내려놓고 사는 방식을 제공합니다. 감사는 우리 삶에 깊은 평화와 평정심을 가져다줄 수 있습니다.

온라인 피정에 참여했던 바브 모리스Barb Morris는 감사라는 주제를 탐구하면서 이렇게 썼습니다.

> 감사한다는 것은 취약해지는 것이고 확장되는 것이며 열리는 것이다. 감사한다는 것은 다른 존재들, 즉 다른 창조물과 다른 사람들, 그리고 지구 자체에 대한 나의 의존성을 보여 주는 것이다. 감사한다는 것은 내가 모든 창조물과 서로 얽혀 있다는 상호연결성에 경의를 표하며 고개 숙이는 것이다. 우리가 모두 서로에게 열려 있고 서로를 받아들여 도움이 될 수 있는 곳에서는 어떤 일이든 일어날 수 있다. 여기서 나는 내 약점과 당신의 힘과 은사에 대한 필요성을 알게 된다. 여기는 나 스스로 완전하고 충분한 척

◦ David Steindl-Rast, O.S.B., *Gratefulness, The Heart of Prayer: An Approach to Life in Fullness* (New York: Paulist Press, 1984). (데이비드 슈타인들-라스트 지음, 김수진 옮김, 《감사: 충만한 삶에 이르는 길》, 분도출판사, 2019)

하지 않아도 되는 곳이다. 여기는 내가 늑대와 회색곰의 먹이가 되고, 사슴과 나무딸기를 먹는 곳이다. 나는 강물을 마시고, 나무들은 내 숨을 호흡한다. 나는 별들과 분자들을 공유한다.

그래서, 나는 감사를 야생 수련이라고 생각한다. 집착하고 두려워하는 것이 아니라 감사하고 용기를 낼 때, 이 아름다움으로 가득한 지구에서 함께하는 내가 의존하는 존재들에게 내 생명과 나 자신을 열어서 연결시킬 수 있다. 감사는 닫힌 마음의 문을 열어 주고, 직선적인 삶에서 우리를 자유롭게 하여 서로 만나고, 서로를 변화시키며, 함께 모든 것을 새롭게 만들 수 있게 한다.°

존 발터스 페인트너의 성경 묵상

세상 걱정과 하느님의 나라 (마태 6, 25~31, 루카 12, 22~32)

"그러므로 내가 너희에게 말한다.

목숨을 부지하려고 무엇을 먹을까, 무엇을 마실까,

○ 작가이자 예술가로 활동하는 밥 모리스(Barb Morris)는 자신의 웹사이트 (www.BarbMoris.com)를 통해 이 자료의 온라인 강좌 버전에서 자신이 발표한 감사라는 주제에 대한 이런 통찰을 제공하여, 공유했다.

또 몸을 보호하려고 무엇을 입을까 걱정하지 마라.
목숨이 음식보다 소중하고 몸이 옷보다 소중하지 않으냐?
하늘의 새들을 눈여겨보아라.
그것들은 씨를 뿌리지도 않고 거두지도 않을 뿐만 아니라
곳간에 모아들이지도 않는다.
그러나 하늘의 너희 아버지께서는 그것들을 먹여 주신다.
너희는 그것들보다 더 귀하지 않으냐?
너희 가운데 누가 걱정한다고 해서 자기 수명을 조금이라도
늘릴 수 있느냐?
그리고 너희는 왜 옷 걱정을 하느냐?
들에 핀 나리꽃들이 어떻게 자라는지 지켜보아라.
그것들은 애쓰지도 않고 길쌈도 하지 않는다.
그러나 내가 너희에게 말한다.
솔로몬도 그 온갖 영화 속에서 이 꽃 하나만큼 차려입지 못하였다.
오늘 서 있다가도 내일이면 아궁이에 던져질 들풀까지
하느님께서 이처럼 입히시거든, 너희야 훨씬 더
잘 입히시지 않겠느냐?
이 믿음이 약한 자들아!
그러므로 너희는 '무엇을 먹을까?', '무엇을 마실까?',
'무엇을 차려입을까?' 하며 걱정하지 마라.

— 마태 6, 25~31

마태오 복음은 가장 짧은 복음은 아니지만, 확실히 예수님의 설교로 빨리 들어갑니다. 마태오 복음은 1장 첫 부분에서 예수님의 족보를 제시하면서, 예수님의 탄생 이야기로 시작합니다. 그리고 2장에서 동방박사들의 방문과 이집트로의 피신, 그리고 이스라엘로 돌아오심으로 이어집니다. 3장에서 예수님은 요르단강에서 세례자 요한에게 세례를 받으시고, 4장에서 성령의 인도로 광야에서 40일을 보내시고 악마에게 유혹받으신 다음 공생활을 시작했다고 이야기합니다. 공생활을 시작하면서 첫 제자들을 부르셨고, 이제 많은 군중을 끌어모으고 계십니다.

이제 5장이 시작되면서, 이런 이야기의 어조와 속도가 약간 변화됩니다. 우리는 5장에서 처음으로 예수님의 실제 설교를 접하게 됩니다. 예수님의 산상 설교는 참 행복으로 시작해서 다양한 주제를 다루고 있습니다. 6장과 7장은 연속적으로 이어지는 가르침으로 가득 차 있습니다. 그중에는 주님의 기도로 알려진 기도 방법과 함께 빠른 순서로 다양한 가르침이 이어집니다. (그중 몇 가지만 말하면,) 새로운 율법이나 계명에서부터 성적인 문제에 대한 가르침과 맹세와 자선과 단식에 이르기까지, 도덕적이고 영적인 삶의 지침으로 배워야 할 내용이 아주 많습니다.

하지만 이런 영적인 무거운 주제들 사이에서 우리를 위로하는 새로운 가르침, **'걱정하지 마라.'** 가 있습니다. 예수님은 우리에게 조금 덜 걱정하라고 하시거나, 걱정하지 않도록 최선을 다하라고 권유하지 않으십니다. 그 대신 예수님은 **걱정하지 말라**고 말씀하십니다.

사실 걱정하지 말라고 말하기는 쉽습니다. 하지만 실제로 걱정하지 않는다는 것은 정말 어려운 일입니다. 당연합니다. 하지만 마태오 복음의 예수님은 걱정하지 말라고 말씀하시면서, 오히려 걱정하지 않는 덕분에 인간보다 더 나은 삶을 살아가는 우리의 동료 창조물을 예로 제시하십니다. 하늘을 나는 새들과 들에 핀 나리꽃이 인간이 본받아야 할 존재들입니다. 이들이 바로 원래의 성도들입니다.

이 새로운 계명의 함의含意는 음식과 의복과 주거가 중요하지 않다는 뜻이 아닙니다. 그 의미는 다른 창조물들이 그러하듯 창조주를 신뢰하라는 것입니다. 삶의 사소한 일들을 지나치게 걱정하느라 더 큰 그림을 무시하거나 간과하지 않도록 하라는 것입니다. 다른 나머지 창조물들은 하느님의 원래 의도에 따라 균형을 찾습니다. 우리 인간만이 생존에 대해 그렇게 걱정하면서 자원을 축적하고 파괴합니다.

어떻게 우리가 눈으로 볼 수 있는 날개 달린 천사의 본보기를 더 잘 따르고, 손으로 만질 수 있는 천국의 예를 더 잘 따를 수 있을까요? 어떻게 참새들이 성스러움의 진정한 의미에 대해 더 잘 증언할 수 있을까요?

명상: 감사 안에서 쉬기

이 명상은 언제든지 할 수 있지만, 하루를 마무리하는 시간에 하는 것이 특히 의미가 있을 듯합니다. 이를 통해 하루 동안의 사건과 만남을 감사하는 마음으로 되돌아볼 수 있습니다.

편안하게 앉은 자세를 취하고, 호흡을 깊게 하면서 의식을 심장 중심으로 집중하십시오. 숨을 들이마시면서, 생명이라는 선물을 받아들이기 위해 심장이 팽창하는 모습을 상상하십시오. 숨을 내쉬면서, 우선 당신이 현재 가지고 있는 걱정이나 염려를 모두 놓아버리십시오.

조상들, 즉 혈연의 조상뿐만 아니라 정신적인 조상을 기억하는 것으로 시작하십시오. 그 조상들의 삶이 당신에게 어떤 영감을 주었고, 그들의 노고 덕분에 생명이라는 선물을 당신이 어떻게 받았는지를 떠올려 보십시오. 구름같이 많은 증인을 현재로 부르십시오. 그들에게 감사의 마음을 표현하십시오.

당신의 삶에서 기쁨과 위안을 주는 사람들을 기억해 보십시오. 우선 가장 가까운 친구와 가족, 이웃과 동료로부터 시작하십시오. 그다음 밖으로 눈을 돌려 당신에게 우편물을 배달해 주는 사람, 쓰레기를 수거해 가는 사람, 식료품점에서 일하는 사람, 은행에서 미소 짓는 사람들을 차례로 떠올려 보십시오. 이들은 모두 당신의 일상생활을 편안히 할 수 있도록 다양한 방식으로 도와주는 사람들입니다. 그다음 그 범위를 더 넓혀서, 이 세계를 보다 나은 곳으로 만들기 위해 노력하는 전 세계의 모든 사람과 문화에 대해서도 감사의 마음을 담아 깊은 호흡을 하십시오.

땅과 바다의 선물, 그곳에 서식하는 생물들과 그들에게 영양분을 제공하는 식물들이 주는 선물을 기억하십시오. 당신에게 안식처가 되는 자연 속의 어떤 장소를 떠올려 보십시오. 반려동물이 있다면 감사하는 마음으로 그들을 생각해 보십시오. 생명이라는 선물과 당신 생명을 지탱해 주는 모든 것, 즉 매일의 주거와 음식, 건강과 공동체, 그리고 다른 사람들의 지혜를 기억하며 감사하는 마음을 간직하십시오. 이런 모든 것을 기억하는 동안에 감사하는 마음을 간직하십시오.

성인들과의 친교를 마음과 가슴에 떠올려 보십시오. 지구 위를 걸으며, 우리에게 지혜를 남겨준 성인들과 우리를 더욱 온전한 모습으로 살도록 영감을 주는 동물이라는 존재와 다른 창조물들도 기억해 보십시오.

성령의 임재를 초대하고, 최근 당신의 삶 속에서 성령께서 어떻게 움직이셨는지 주목하십시오. 영감과 인도가 있었던 순간들에 이름을 지어 보는 시간을 가지십시오.

감사함이라는 감각에 잠시 머물러 보십시오. 그 과정에서 또 다른 이미지가 떠오르는지 살펴보십시오. 당신에게 이렇게 가슴 벅차오르는 감사의 마음을 불러일으키게 한 사람은 누구이며 사물은 무엇인가요?

기도를 마무리하면서 당신이 감사하는 것들의 목록을 작성해 보십시오. 기도 중에 떠올라서 당신을 놀라게 한 것들도 목록에 포함하십시오. 또한, 당신만의 감사 기도문을 직접 작성해 보는 것도 권장합니다.

관상 산책: 감사하며 걷기

다시 한번 관상 산책을 하러 나가십시오. 이번에는 바깥 세계로 나가 걸으면서 만나는 것들에 대해 감사하는 마음을 열어 두십시오. 먼저 당신의 발과 걸을 수 있는 능력에 감사하는 것으로 시작할 수 있습니다. 그다음에는 당신의 눈과 볼 수 있는 능력에도 감사할 수 있습니다. 그다음, 지금 당신이 살고 있는 집에 감사의 마음을 전하고, 안전한 쉼터를 제공해 주는 집에 감사의 마음을 표현하십시오.

당신이 사는 동네를 걸어 다니면서, 나무와 새와 지나가는 고양이, 불어오는 산들바람과 빛나는 태양과 내리는 비, 이웃들과 동네 가게 등 가슴속에 감사의 마음을 불러일으키는 모든 것에 대해 규칙적으로 종종 잠시 멈춰 서서 감사의 마음을 표현하십시오. 그 각각에 대해서 느끼는 감사함을 표현하기 위해, 경의敬意를 표현하는 작은 절을 올리는 것도 좋습니다. 다시 집으로 돌아와서 당신이 주목하거나 발견한 것들에 관한 일기를 쓰고 기록해 두는 시간을 갖도록 하십시오.

허브 초대: 꿈을 위한 쑥 베개

쑥Mugwort은 켈트 전통에서 신성한 허브 중 하나입니다. 쑥은 크론(여성 장로)의 지혜를 담고 있다고 여겨졌기 때문에, 크론워트cronewort라고도 불립니다. 또한, 쑥은 꿈을 유도하는 것으로도 잘 알려져 있습니다. 꿈에는 우리에게 진정한 자기true self를 불러내는 데 도움을 주는 특별한 방법이 있습니다. 꿈은 우리의 그림자 측면과 우리가 붙잡고 있는 것들, 즉 우리에게 전혀 도움이 되지 않는 것들을 조명하는 역할을 하기도 합니다. 꿈은 우리를 성도의 길로 인도할 수도 있습니다. 성경과 초기 성인들의 삶에서, 꿈은 종종 하느님으로부터의 특별한 메신저로 여겨졌습니다. 꿈은 종종 그 체험을 한 사람들의 삶에서 중요한 변화의 여정을 촉발했습니다.

쑥 베개 체험에 기도하는 마음을 담아, 당신 꿈의 시간에 축복의 기도를 청하십시오. 꿈이 더 큰 거룩함과 통합으로 나아가는 데 도움이 되는 통찰력을 제공할지도 모릅니다. 쑥이 주는 선물에 감사드리며, 쑥이 당신을 진리로 인도하는 강력한 꿈을 선물해 주기를 청하십시오.

쑥을 담아서 잘 밀봉할 수 있는 천으로 만든 작은 주머니를 준비하십시오. 마음을 다해 사랑스럽게 주머니 안에 쑥을 넣으십시오. 또한, 부드럽게 수면을 도와주는 다른 허브들, 예를 들어 라벤더, 레몬밤, 장미 꽃잎 등을 추가할 수도 있습니다. 주머니에 쑥을 담고 잘 밀봉해서 축복한 후, 침대에 두거나 베갯잇 안에 넣거나, 또는 침대 옆 탁자 위에 놓아두십시오.

밤에 잠자리에 들 때 허브의 도움을 청하면서, 꿈을 기억할 수 있게 해 달라고 기도하십시오. 꿈이 당신에게 인도와 통찰과 치유를 제공해 주기를 청하십시오. 또한, 온전한 자신이 되는 방법을 기억하는 데 도움을 주기를 청하십시오.

시각 예술 체험: 창조물 재료로 작업하기

관상 산책을 하는 동안, 길 위에서 돌과 나뭇가지, 나뭇잎과 꽃 등 자신만의 창작에 사용할 수 있는 재료를 발견할 수 있는지 주의 깊게 살펴보십시오. 가능하다면 가지나 줄기를 부러뜨리지 않고, 이미 떨어져 있는 것들을 주워서 활용하십시오. 지구는 생명이라는 위대한 퇴비를 만들기 위해 풍부한 유기물질을 제공합니다.

이 시간을 관상 체험이 되도록 하십시오. 어떤 물체들이 당신에게 반짝이는지, 어떤 것들이 지혜나 의미나 이야기를 지니고 있는지 주의 깊게 살펴보십시오.

충분한 재료를 모았다면, 잠시 멈출 장소를 찾아 창작의 시간을 갖도록 하십시오. 나뭇잎을 정리해 만다라 형태로 배열하거나 자연 제단을 만들거나 당신이 원하는 어떤 형태의 표현으로 창작에 몰두해 보십시오.

될 수 있으면 생각하고 판단하는 마음을 최대한 내려놓으십시오. 생각이 떠오를 때는 단순히 그것을 알아차리고 놓아준 다음, 다시 창조 작업으로 돌아가십시오. 당신의 독창적인 창작 과정이 강물처럼 흐르도록 해서 자연스럽게 목적지에 도달할 수 있도록 하십시오.

돌에게 어디에 자리하고 싶은지 물어보십시오. 나뭇가지와 나뭇잎도 그들의 관계에서 서로 어떻게 연결되기를 원하는지 그들과 이야기해 보십시오. 재료들과 대화하는 것 자체가 어색하게 느껴지면, 그 어색함조차 그냥 받아들이십시오. 이런 과정이 기도와 놀이이며, 조금 덜 진지하게 자신을 대하는 것임을 기억하십시오.

목적 지점에 도착했을 때, 즉 당신이 창작한 작품에 대해 만족감을 느낄 때, 잠시 그 자리에 앉아 작품과 함께 있도록 하십시오. 자신의 체험을 주의 깊게 관찰하십시오. 창작자로서 당신은 무엇을 발견했나요? 자연 세계와 함께하는 이런 공동 창조를 어떻게 체험했나요?

 이 창작물을 사진으로 남기고 싶을 수도 있고, 그렇지 않을 수도 있습니다. 이 순간을 기억하는 데 사진이 도움이 되는지, 아니면 과도하게 집착하는 것처럼 느껴지는지 확인하십시오. 지나치게 과제를 완수하려는 것처럼 느껴지거나, 영구적인 무엇을 만들려는 시도보다 체험으로 허용하는 것이 더 중요하다고 생각되면, 그 마음을 존중하십시오. 어떤 반응이 나타나든, 떠오르는 반응을 신뢰하고 받아들이십시오. 또한, 이 아름다움을 만들어 가는 데 함께 참여할 수 있도록 초대해 준 자연의 재료들에게 감사의 마음을 전하십시오.

 그다음 그냥 그 자리를 떠나십시오. 겸손과 내맡김을 수련하십시오. 사물의 유기적인 본질로 인해 이 창작물도 결국에는 흙으로 돌아가 분해되리라는 것을 이해하십시오. 이 창작물이 거대한 박물관의 홀에 영원히 보존되지는 않을 겁니다. 색깔 있는 모래로 정교한 만다라를 다 만들고 난 다음, 그 만다라를 모두 날려 버리는 불교 승려들처럼 방하착放下着, 즉 내려놓음의 자세를 수련할 수 있는지 확인하십시오. 당신이 느끼는 어떤 저항감에 대해서도 연민을 가지고, 그것을 던지 성찰을 위한 좋은 자양분으로 알아차리십시오.

글쓰기 탐구: 소나무에게 가기

17세기 일본의 시인 마쓰오 바쇼Matsuo Basho(1644~1694)는 이렇게 지혜로운 조언을 했습니다. "소나무에 대해 배우고 싶으면 소나무에게 가고, 대나무에 대해 배우고 싶으면 대나무에게 가라."○

자연의 한 요소, 즉 나무와 식물, 돌과 깃털 또는 오늘 당신에게 반짝이는 다른 물체를 찾아가십시오. 그것은 아마도 당신 집에 있는 반려동물일 수도 있습니다. 그것과 함께 시간을 보내면서, 그 존재가 들려주는 이야기를 귀 기울여 듣고, 그 존재 자체에 대해 자세히 가르쳐 달라고 청하십시오. 그다음 그 존재가 모든 감각을 통해 세상을 어떻게 체험하는지 상상하며 시를 써 보십시오. 그 존재의 체험으로 들어가서, 귀 기울여 들을 때 어떤 일이 일어날지 생각해 보십시오. 당신과 세계 사이에 어떤 장벽이 있는지, 그것을 잠시 내려놓을 수 있는지 고민해 보십시오. 그 공간에서 떠오르는 시는 어떤 모습인가요?

○ Matsuo Basho, *The Narrow Road to the Deep North and Other Travel Sketches*, trans. Nobuyuki Yuasa(New York: Penguin, 1966), 33.

이전 참가자들의 시

오리엔탈 양귀비

교회 마당의 양귀비들이 소리칠 준비를 하고 있어요.
매년 봄마다 나는 그 소리를 기다려요.
부풀어 오른 양귀비 꽃봉오리들이,
교회 마당에 그 매혹적인 색깔을 쏟아내는
마법의 순간을 기다려요....
붉은 오순절 깃발처럼 흔들리는 양귀비꽃이
그들의 축제에 나를 초대하네요...
양귀비 소리를 들을 수 있어요.
이리 가까이 오세요! 가까이 오세요!
처음에는 타오르는 태양의 불꽃 같은 색깔만 보였어요.
그 색깔이 모세와 불타오르는 떨기나무 이야기를 떠올리게 했죠
활활 불타오르는 떨기나무.
그제야 나는 알아차렸어요
그 색깔 너머 벨벳 같은 어둠이 있다는 것을 발견했어요.
어둠은 내가 예상했던 게 아니었어요.
내 시선은 오랫동안 나를 그 자리에 머물게 한
그리움에 가서 닿았어요.

한참 후에야 나는 떠났어요.

축축하게 젖은 샌들을 현관에 벗어 두고,

맨발로 집 안으로 들어갔어요.

— 엘런 랫마이어(Ellen Ratmeyer)

흔한 물새

여기에는 공통된 것이 하나도 없어요.

호수에서 향이 피어오르고 있어요.

향이 피어오르는 이 호수는 성스러워요.

호수 위의 공기가 제단을 만드네요.

원시적인 늑대의 울부짖는 소리가 울려 퍼지고 있어요.

익숙한 떨림이 부서진 뼈 위에 놓이면서,

물새들의 노래로 거룩해지네요.

호수는 미끄러져 들어가기 위해 만들어진

새틴 같은 침대 시트가 되고

물새들은 슬며시 잠수할 준비를 하다가,

깨끗하고 아주 은밀하게 액체의 저 지하 세계로 잠겨 들어가네요.

턱시도를 입은 듯한 그 물새의 미끄러짐과

먼 곳에서 실크 실루엣처럼 수면 위로 떠 오르는 것은

사건의 지평선이에요.

— 데니스 베조플렌코(Denice Bezoplenko)

나뭇잎들

달콤한 수액의 입맞춤으로 부드럽게 깨어나,
천천히 펼쳐지는 부드러운 새로움을 자연의 원소에게 드러내며,
태양이 아낌없이 비춰 주는 빛의 선물에 기뻐하고,
매 순간 불어오는 산들바람 속에서 찬양의 노래를 속삭이며,
기쁘게 춤추듯 우아하게 죽음을 맞이하고,
숲 바닥에 있는 겸손한 부엽토 속에서 달콤하게 다시 태어나네요.

— 샤론 핸디(Sharon Handy)

마무리 축복 기도

3장에서는 지구를 원초적인 성도로 생각하고, 창조세계가 어떻게 우리 삶을 완전히 꽃피우는 방법을 증언하는지에 대해 생각해 보라고 초대했습니다. 당신의 길을 스스로 가로막는 내적인 장애물과 방해 요소는 무엇인가요? 당신은 스스로 어떤 이야기를 들려주나요? 심지어 집에서 함께하는 반려동물조차도, 성도가 된다는 것이 무엇을 의미하는지 가르쳐 줄 수 있습니다.

신성의 축복이 나무로 된 이 푸른 색깔 문 위에 깃들기를 바랍니다.
그 문 안의 장미 향기 가득한 정원 위에도 깃들기를 바랍니다.

신성의 축복이 소리 높여 찬양의 노래를 지저귀는
새들에게 깃들기를 바랍니다.

오, 연못이여, 하늘로 물을 들어 올려 거울처럼 비추는 그대여,
그대에게 신성의 축복이 깃들기를 바랍니다.

완벽함 속에 담긴 풍요로움 가득한 생명의 초원이여,
그대에게 신성의 축복이 깃들기를 바랍니다.

미로 속 그 얽혀 있는 벽이 그 벽의 중심에 서 있는
모든 순례자에게
신적인 빛을 비추어 주기를 바랍니다.

꿀벌이여, 그대의 부지런한 수고가 달콤하기를 바랍니다.

― 캐럴 섓퍼드(Carol Shatford)

4

지구,
최초의 영적 지도자

어느 날 나는 슬퍼서 바깥으로 산책하러 나갔어요.
그렇게 나가서 들판에 앉아 있었죠.
토끼 한 마리가 내 상태를 알아차리고 가까이 다가왔어요.

때로는 도움을 위해 필요한 것은,
다른 존재가 그저 이렇게 가까이 다가오는 것만으로도 충분해요.
아는 것이 많고 사랑이 가득한 이들 창조물과
그저 가까이 있는 것만으로 충분해요.

그들은 이야기를 많이 하지 않으면서,
그저 경이로운 이해력으로 단지 바라볼 뿐이에요.

― 십자가의 성 요한, 〈내 상태를 알아차린 토끼〉°

○ Quoted in Daniel Ladinsky, trans., *Love Poems from God: Twelve Sacred Voices from the East and the West* (New York: Penguin Books, 2002), 323.

사막 교부와 켈트 수도자들의 전통에서는, 영적 지도자나 영혼의 동반자를 두는 것을 영성 생활의 필수라고 여겼습니다. 지혜로운 인도자와 멘토는 우리 가슴의 진정한 소망을 상기시켜 주고, 더욱 더 온전한 삶을 살아가도록 도와줄 수 있습니다.

그리스도교 전통에는 동물들과 특별한 관계를 맺은 성인이 많습니다. 예를 들면, 성 베네딕토는 까마귀와 친구가 되었고, 그 까마귀는 나중에 독살당할 뻔한 베네딕토의 생명을 구해 주었다고 합니다. 또한, 성 케빈St. Kevin(498~618)에 대한 전설에 따르면, 수달이 호수에서 연어를 잡아 매일 케빈에게 갖다주어 먹을 수 있게 했다고 합니다. 동물과 맺는 이런 특별한 유대와 관계는 한때 거룩함의 징표로 여겨졌습니다. 창조세계의 다른 측면들뿐만 아니라 농물들도 수도자와 신비주의자들에게 영혼의 동반자로서 중요한 역할을 했습니다.

모든 창조물과 올바른 관계가 회복된 새로운 창조의 삶을 살아가도록, 우리는 부르심을 받았습니다. 우리는 새로운 창조의 도래를 그냥 기다리는 것이 아니라, 새로운 창조가 되어 가는 과정을 살아가고 있습니다. 현재 우리가 걷고 있는 여정은 집으로 돌아가는 길입니다. 즉 우리가 더 이상 육체성physicality에 유배되어 사는 것이 아니라, 이 순간에 새로운 창조의 삶을 살기 위한 여정입니다. 이것은 우리 몸뿐만 아니라 지구라는 위대한 몸을 지혜의 필수적인 그릇으로 존중하는 삶입니다.

우리는 다른 창조물들이 언어로 말을 할 수 없다고 생각하려는 유혹에 빠질 수 있으며, 그래서 그들이 우리에게 중요한 말을 할 수 없다고 생각할 수도 있습니다. 따라서 자연에 관한 이야기를 하기보다는, 우리가 직접 그들 창조물에게 말을 건네 보는 것은 어떨까요? 각각의 창조물이 자신만의 소통 방식으로 우리에게 반응하고 있다는 것을 깨닫게 될 것입니다.

동물과 바다, 나무와 바람의 삶에 대해 우리가 얼마나 많은 것을 알고 있다고 생각하나요? 이 존재들을 알고 있다고 가정하는 것이 이들과 사랑의 관계를 맺고 이들의 지혜를 받아들이는 우리 능력을 얼마나 가리고 있는 걸까요? 수도원의 **겸손**humility 수행은 다른 존재가 제공하는 지혜를 받아들이도록 허용하라는 초대이며, 자신이 항상 모든 답을 갖고 있지 않다는 것을 인식하는 것입니다. **겸손**이라는 단어의 뿌리는 '흙'을 의미하는 **후무스**humus에서 유래했습니다. 수도자로서 겸손하다는 것은 흙과 깊이 연결되어 있고, 그 흙에 발을 딛고 있음을 의미하는 것이며, 우리가 어디에서 생겨나서 어디로 돌아가는지를 기억하는 것입니다.

자연은 필요할 때 우리에게 위안을 주는 방법을 가지고 있습니다. 슬픔으로 가슴이 무거울 때, 저는 여러 번 숲속을 걸었습니다. 나무들 사이에 있는 것이 제 내면에서 무언가를 끌어올리는 데 큰 도움이 되었습니다.

아일랜드의 수도자 성 골룸바노St. Columbanus(543~615)는 "창조주를 알고 싶다면 창조물을 이해하십시오."라는 교훈을 남겼습니다. 골룸바노가 "걸어가면서 짐승과 새들을 불러 모으면, 그들은 즉시 다가와 그의 주변에서 기쁨과 즐거움으로 장난을 치며 뛰놀았다. (……) 골룸바노는 나무 꼭대기에서 다람쥐를 불러내어, 자기 몸 위를 자유롭게 기어다니게 했고, 때때로 골룸바노의 옷자락 사이에서 그 다람쥐의 머리가 보이기도 했다."◦라고 전해집니다.

자연과의 이런 친밀함은 우리가 가슴이 답답하거나 갈등을 느낄 때, 숲속의 오솔길이나 강변의 산책로를 따라 걷거나, 또는 가까운 공원에서 시간을 보내며 창조세계와의 친족 관계를 경험하는 것과 같습니다. 이런 순간에 자연 세계는 인도자로서 우리에게 다가와 종종 통찰이나 평화를 제공합니다.

◦ Esther De Waal, *A World Made Whole: Rediscovering the Celtic Tradition* (Cleveland, OH: Fount Press, 1991), 82.

영적 지도자인 자연의 원소들

> 수도자들이 들판에서 일하고,
> 태양 아래 진흙 속에서, 찰흙 위에서,
> 그리고 바람 속에서 일하는 것이
> 얼마나 필요한 일인지 알 수 있다.
> 이들이 바로 우리의 영적 지도자이자, 수련 스승이다.
> – 토머스 머튼, 《토머스 머튼의 영적 일기: 요나의 표징 The Sign of Jonas》o

머튼은 영혼의 진정한 스승이 자연 그 자체라는 것을 잘 알고 있었습니다. 들판, 태양, 진흙, 찰흙, 바람, 숲, 하늘, 땅, 물 등 자연의 모든 원소가 우리 내면의 여정을 함께하는 동반자들입니다. 물과 바람, 흙과 불이라는 자연의 네 원소는 우리에게 지혜와 인도를 제공합니다. 이들이 우리의 원초적인 영혼 친구들입니다. 공기는 매 순간 우리가 받아들이는 호흡의 선물이며, 우리를 지탱하는 생명의 리듬입니다. 불은 생명력과 에너지의 선물이며, 십자가의 성 요한 St. John of the Cross(1542~1591)이 우리 각자의 가슴속에서 타오르는 살아 있는 불꽃으로 묘사한 사랑이라는 하느님 이미지를 떠올

---

o Thomas Merton, *The Sign of Jonas* (San Diego: Harcourt Press, 1981), 321. (토머스 머튼 지음, 오지영 옮김, 《토머스 머튼의 영적 일기: 요나의 표징》, 바오로딸, 2009)

릴 수 있습니다. 물은 갱신과 재충전의 선물입니다. 우리는 세례 의식을 떠올리며, 모든 선물을 요구하라는 부르심으로 생각할 수 있습니다. 또는 우리 혈관을 따라 흐르는 혈액을 떠올릴 수도 있습니다. 흙은 뿌리내림과 양육의 선물입니다. 성체성사의 빵과 포도주는 흙에서 나옵니다. 먹는 행위 그 자체는 신성하고 거룩한 것으로, 우리의 삶과 일을 지속하게 합니다.

15세기 일본의 선불교 승려이자 시인인 잇큐—休宗純(1394~1481)는 이렇게 썼습니다. "승려들은 매일 불법을 세밀히 검토하고 복잡한 경전을 끝없이 읊조린다. 하지만 그전에 바람과 비, 눈과 달이 보내는 사랑의 편지를 읽는 법을 먼저 배워야 한다." ○ 창조물들이 우리에게 보내는 선물을 사랑의 편지로 받아들이는 이 아름다운 이미지는 정말 감동적입니다! 이것은 많은 위대한 성인이 가르침을 구하는 사람들에게 영적인 지도를 담은 편지를 써서 보낸 것을 떠올리게 합니다.

자연의 이 네 원소가 지닌 깊은 지혜에 귀를 기울인다는 것은 우리 삶의 영적 방향과 인도를 찾는 데 과연 어떤 의미가 있을까요? 자연은 우리 내면의 움직임을 이해할 수 있는 보편적인 언어를 제

○ Quoted in *Spiriutal Ecology: The Cry of the Earth*, edited by Llewellyn Vaughan-Lee (Point Reyes Station, CA: The Golden Sufi Center, 2016), 23. [이 책의 초판은 (르웰린 보간리 엮음, 김준우 옮김, 《생태영성: 지구가 울부짖는 소리》, 한국기독교연구소, 2014)로 번역되었다.]

공합니다.

떼이야르 드 샤르댕은 이렇게 썼습니다. "모든 창조된 것을 통해, 예외 없이 신성은 우리를 둘러싸고 침투하여, 우리를 빚어낸다."° 모든 창조물은 우리 삶의 신적인 목적을 수행하기 위해 대기하고 있습니다. 자연에서 이런 기준을 벗어나는 것은 하나도 없습니다. 바위와 새와 꽃, 그리고 다른 모든 창조물을 통해, 하느님은 우리와 친밀한 관계를 맺고 친교를 나누십니다. 이것이 하느님의 지혜가 드러나는 방식이며, 따라서 그들의 영적 인도에 귀 기울이는 것은 매우 중요합니다.

바람과 친구 되기

2012년 12월 말, 겨울의 한가운데 존과 저는 아일랜드로 이사했습니다. 이곳 아일랜드의 바람이 강하다는 것은 잘 알고 있었습니다. 대서양에 맞닿아 있는 아일랜드 서부 지역에서는 더욱 그렇습니다. 시애틀에서 살았던 저는, 비가 많이 내리는 기후의 또 다른 지역으로 이사하는 것이 그다지 큰 문제가 되지 않을 것이고, 나름 잘

° Pierre Teillhard de Chardin, *The Divine Milieu: An Essay on the Interior Life* (New York: Harper & Row, 1968), 112. (이문희 옮김, 《신의 영역》, 104쪽)

적응할 수 있으리라 생각했습니다. 비를 아주 좋아했기 때문입니다. 하지만, 그 겨울 아일랜드 서부에서 불어오는 강풍에 대한 준비는 전혀 되어 있지 않았습니다. 아일랜드는 시애틀보다 비가 훨씬 많이 내렸고, 바람이 비를 옆으로 후려치면서 불어오는 경우가 많았습니다. 아일랜드 사람들은 이런 비바람을 '채찍질'이라고 불렀습니다.

저는 매일 산책하는 것을 좋아했고, 그 첫 겨울에도 골웨이만을 따라 이어진 4.8킬로미터 정도의 산책로를 자주 걷곤 했습니다. 그 산책로를 걸은 날 대부분이 아름다웠지만, 바닷가 근처에서 부는 바람은 매우 거셌습니다. 특히 겨울에는 더 심하게 불었습니다. 그런 거센 바람을 맞으며, 바람을 헤치고 걸어 나가려 애쓸 때마다 온몸의 근육이 팽팽하게 긴장되는 것을 느꼈습니다. 한 걸음 내딛기도 힘들 정도였습니다. 저는 바람에 저항하려고 너무 많이 애를 썼고, 바람 때문에 걷기가 이렇게 힘들다는 것에 대해 좌절감을 느꼈습니다. 창밖에서 바람이 부는 소리를 들을 때마다 두려움은 점점 커졌습니다.

아일랜드는 매우 원초적인 장소입니다. 골웨이는 사방에 운하와 강과 바다가 있어서 물로 둘러싸여 있습니다. 때때로 비가 아주 많이 내리며, 연중 내내 비가 계속됩니다. 이 지역의 풍경에서 또 하나의 중요한 요소는 돌입니다. 남쪽에는 석회암이, 서쪽에는 화강암이 자리 잡고 있습니다. 태양은 종종 폭우가 쏟아진 후에 환영받는 불이라는 원소로 나타나 도로와 들판의 젖은 풀들을 밝게 비춰 주었습니다. 저는 이런 자연의 모든 원소를 사랑했지만, 바람만은 적처럼 느껴졌습니다.

몇 달이 지나면서, 봄과 여름 그리고 가을에는 바람이 조금 부드러워진 것에 감사했습니다. 다음 해 겨울이 다가오자, 다시 거센 바람을 견뎌내야 한다는 생각에 마음이 무거워졌습니다. 하지만 이번에는 걸으면서 의도적으로 자신을 부드럽게 하기로 마음먹었습니다. 더 이상 바람에 저항하지 않고, 사물을 자유롭게 날려 버리는 바람의 방식에 서서히 감사하게 되었습니다. 어떤 일에 열중해서 마음이 무거울 때는 바람 속에서 걷는 일만큼 그 집착을 내려놓게 하는 것은 없는 듯합니다.

이제 사랑으로 바람을 맞이하는 초대를 통해, 바람은 자연의 원소가 지닌 힘을 가르쳐 주는 저의 스승이 되었습니다. 바람이 제게 영향을 미치도록 허락한 것은 마치 훌륭한 영적 지도자가 하는 일과 같았습니다. 바람은 저를 변화시키고 성장시켰습니다.

성 케빈 St. Kevin과 지빠귀 새

제가 좋아하는 아일랜드 성인 이야기 중 하나는 성 케빈에 관한 이야기입니다. 케빈은 매일 팔을 높이 들어 올리고 하느님께 기도했습니다. 어느 날, 케빈이 무릎을 꿇고 하늘을 향해 두 손을 들어 올리고 경건하게 기도하던 중, 지빠귀 새 한 마리가 그 손바닥 위에 내려앉아 알을 낳는 것을 느꼈습니다. 케빈은 너무 감동해서, "모든 인내와 부드러움으로 그 손을 움켜쥐지도 않고, 손에서 알을 내려놓지도 않고, 새끼 새들이 부화할 때까지 지치지 않고 손을 펼친 채 부화를 위해 그 모양을 잡고 있었다."º라고 전해집니다.

새로운 생명이 자기 손바닥에 내려앉도록 하늘을 향해 손을 펼치고 있는 케빈의 이 이미지를 저는 사랑합니다. 불편함 때문에 손을 거두어 내리거나 자신의 계획과 맞지 않는다고 물러서는 대신, 케빈은 이 초대를 받아들여 자신을 내주고 신적인 창조의 펼쳐짐에 참여하면서 그 일부가 됩니다. 케빈은 자기 삶이 어떻게 펼쳐져야 한다고 스스로 생각한 것에 대한 집착을 내려놓고, 실제로 일어나고 있는 일에 자신을 온전히 열어 그것을 환영하는 공간을 만듭니다.

이것이 바로 영적 지도의 핵심입니다. 우리의 삶에 다가오는 부르심에 귀 기울이게 하고, 자기가 설정한 어떤 다른 목표에 집중하지 않게 하는 것입니다. 영적 동반자와 영혼의 친구는 우리에게 귀 기울일 수 있는 공간을 확보하도록 도와주고, 성장의 벼랑 끝에서

º   Helen Waddell, *Beasts and Saints* (Grand Rapids, MI: Wm.B.Eerdmans, 1996), 121.

자칫 물러나고 싶어 하는 곳으로 우리를 초대할 수도 있습니다.

호혜와 존경이라는 수행

고대의 수도자들은 내적으로, 그리고 외적으로 경계심警戒心을 유지하는 방법을 수련했습니다. 사막의 교모와 교부들도 이 주제를 자주 언급했습니다. 그들의 영적 수련에서 핵심 부분은 삶에 참여하고 주의注意를 기울이는 것이었기 때문입니다. 현대 사회에서는 우리의 관심이 여러 방향으로 흩어져 끌려가고 있기 때문에, 이렇게 매사에 주의를 기울이고 살피는 존재감을 계속 유지하기는 어려울 수 있습니다. 하지만 이런 주의 깊은 존재감은 우리가 다른 사람에게 제공할 수 있는 소중한 선물입니다.

자연 세계를 관조하는 존재감을 기르는 것은 창조세계와의 친밀함을 키우는 것을 의미합니다. 이 친밀함은 호혜의 방식으로 자연이 단순히 우리 이익을 위해 존재하는 것이 아니라, 우리의 필요와 무관하게 그 자체로 고유한 가치를 지닌 존재임을 인식한다는 것을 의미합니다. 호혜는 자연이 우리에게 전하려는 말에 귀 기울이는 것을 의미합니다. 자연과의 만남을 통해, 우리는 가슴이 열리도록 허용합니다.

경계심을 수련할 때, 우리는 우리를 둘러싼 경이驚異를 인식하게 됩니다. 경이의 길을 걷는다는 것은 냉소와 절망으로 마비된 세계에서 행하는 매우 급진적인 행동입니다. 주의를 좀 더 기울여 매 순간 거룩한 놀라움이 우리를 기다리고 있다는 믿음을 갖는 것은 충분히 함양할 만한 가치가 있는 실천입니다. 앞으로 다가올 날들 속에서, 당신 생각으로 예측할 수 있는 가능성에 관해 이야기하거나, 일이 어떻게 펼쳐질지를 미리 알려 하거나 또는 결과에 대한 확신이나 그 결과를 통제하려고 시도하는 이야기를 시작하려 할 때 특히 주목하십시오. 세계에 대한 경이라는 감각과 현존을 수행하고, 세계의 속삭임에 깊이 귀 기울이십시오.

경외심敬畏心은 그 무엇에서 성스러움을 보거나 체험하는 일에 관한 것입니다. 자연이 신적인 현존을 드러내는 방식에 경의敬意를 표현할 때, 우리는 자연에 대한 존중을 실천하는 것입니다. 그것이 어떻게 우리에게 도움이 될지를 생각하지 않고, 그것 자체의 고유한 존엄성을 인정할 때 경외심을 표현하는 것입니다.

자연 세계에 대해 경외심을 가질 때, 우리는 기쁨뿐만 아니라 슬픔에도 열릴 수밖에 없습니다. 기쁨은 아름다움과 존재감에서 비롯됩니다. 슬픔은 멸종 위기에 처한 생물 종, 바다를 뒤덮는 플라스틱, 강과 하천의 오염, 기후변화의 가속화 등과 같은 문제들 앞에서 느끼는 우리의 슬픔과 아마도 무력감에서 비롯될 것입니다.

존 발터스 페인트너의 성경 묵상

호렙산에서 엘리야가 하느님을 만나다(1열왕 19, 9~13)

그분께서 말씀하셨다. "나와서 산 위, 주님 앞에 서라."
바로 그때 주님께서 지나가시는데,
크고 강한 바람이 산을 할퀴고 주님 앞에 있는 바위를 부수었다.
그러나 주님께서는 바람 가운데에 계시지 않았다.
바람이 지나간 뒤에 지진이 일어났다.
그러나 주님께서는 지진 가운데에도 계시지 않았다.
지진이 지나간 뒤에 불이 일어났다.
그러나 주님께서는 불 속에도 계시지 않았다.
불이 지나간 뒤에 조용하고 부드러운 소리가 들려왔다.
엘리야는 그 소리를 듣고 겉옷 자락으로 얼굴을 가린 채,
동굴 어귀로 나와 섰다. 그러자 그에게 한 소리가 들려왔다.
"엘리야야, 여기에서 무엇을 하고 있느냐?"

— 1열왕 19, 11-13

이것은 아마 제가 가장 좋아하는 히브리 성경 구절 중 하나일 것

입니다. 하지만 엘리야가 광야에서 체험한 이야기에 들어가기 전에, 그가 호렙산 꼭대기에 도달하는 과정을 살펴보기 위해서 약간의 배경 설명이 필요한 듯합니다.

이 특별한 성경 이야기는 열왕기 상권 17장부터 시작됩니다. 열왕기에서 예언자 엘리야는 악한 왕 아합과 왕비 이제벨의 사악한 통치로 인해 이스라엘에 큰 가뭄이 닥칠 것을 정확하게 예언합니다. (구약 성경의 이런 이야기를 현대의 자연재해와 연결해서 동일시하려는 시도는 피하기를 바랍니다. 이런 이야기에서 성경 저자는 특정 통치자의 계약에 대한 불충실과 불의로 인해 고통받는 사람들의 구체적인 사례를 이야기하고 있습니다. 미래에 일어날 모든 전 세계적 자연재해의 원인을 동일한 원인으로 귀속시키는 선례를 세우려는 의도가 절대 아닙니다. 그렇게 일반화하는 것은 잘못된 신학이고, 매우 위험한 영적 전유專有입니다) 하느님은 엘리야를 요르단강 동쪽의 와디(중근동 지역에 있는, 우기 이외에는 물이 없는 강과 시내)로 보내셨고, 그곳에는 마실 물과 엘리야에게 빵과 고기를 가져다주는 까마귀가 있었습니다. 이런 장면은 자연과 깊이 조화를 이루고 살았던 초기 그리스도교 교회의 많은 성인과 신비주의자의 삶에서도 반복됩니다. 성인과 신비주의자들은 야생 동물을 포식자가 아닌 자신의 조력자가 되는 존재로 여겼습니다. 수많은 와디마저 다 말라 버렸을 때, 엘리야는 한 과부와 과부의 아들이 내준 너그러운 마음에 의해 구원을 받습니다. 과부와 과부의 아들은 예언자에게 자신들의 마지막 양식까지 다 내줍니다. 하지만 엘리야가 그곳에서 그들과 함께 지내는 동안, 기름과 음식 항아리는 결코 바닥이 나지 않았습니다. 이것이 진정한 기적인지, 아니면 예언자가 그들과 함께 지내며 도와주었기 때문인지는 우리 각자의 해석에 달려 있습니다. 하지만 이것은 분명 관대함이라는 축복입니다.

과부 아들의 생명을 구해 준 다음, 예언자 엘리야는 이스라엘로 돌아가 아합왕과 이제벨 왕비, 그리고 바알의 예언자들과 대결합니다. 어느 신이 더 강한지를 한 번에 가리기 위해, 엘리야는 바알의 예언자들에게 도전장을 내밉니다. 온 민족이 카르멜산에 모여 예언자들이 하늘에서 벌이는 이 전투를 지켜봅니다. 각 측은 모두 황소 한 마리를 제물로 바쳐 제단 위에 올려놓습니다. 바알의 예언자들이 먼저 나서서 제물을 드리지만, 그들의 기도는 아무런 소득이 없습니다. 그들 스스로 자해하는 광란에 빠져 기도를 드리지만, 아무런 응답도 받지 못합니다. 엘리야의 차례가 되자, 예언자는 자신의 돌 제단 위에 놓여 있는 나무 장작에 물을 뿌려 제단 주위 도랑에 물웅덩이가 생길 만큼 충분히 나무를 적셔 두라고 명령합니다. 하지만 이런 장애물도 하느님을 막을 수는 없습니다. 하느님은 하늘에서 불을 내려 젖은 나무와 희생 제물인 황소 고기는 물론 심지어 돌 제단까지 모두 태워 버리십니다. 이로써 하느님이 자연의 모든 원소를 다스리는 주인임이 증명되었고, 하느님의 위대하심에 감동한 이스라엘 백성들은 열정적으로 다시 계약으로 돌아옵니다.

바알의 예언자들을 물리치고 백성들을 계약으로 돌아오게 했기 때문에, 엘리야는 아합왕과 이제벨 왕비를 분노하게 했고, 살해 위협을 받아 피해서 도망쳐야만 했습니다. 그들은 이미 엘리야의 동료 예언자를 모두 살해했습니다. 엘리야는 카르멜산에서 명백하게 승리를 거두었지만, 갑작스러운 상황 반전에 너무도 괴로워 죽음을 기도합니다. 하지만 하느님은 천사를 보내시어 엘리야에게 음식과 물을 제공하시고, 휴식을 취하면서 먹고 쉬라고 명령하십니다. 이를 통해, 결국 예언자는 회복되고, 광야로 나아가 호렙산 정상까지 40일 밤낮을 여행하게 됩니다.

엘리야는 고대의 높은 산 중 하나에 있는 동굴에서 하느님이 찾아오시기를 기다리며 쉬고 있습니다. 먼저, 강한 바람이 산꼭대기를 휩쓸며 바위를 부숴 버립니다. 하지만 하느님은 그 바람 속에 계시지 않았습니다. 그다음에는 지진이 그 거룩한 산을 흔들었습니다. 하지만 그 지진 속에도 하느님은 계시지 않았습니다. 그 후 불길이 산을 휩쓸지만, 하느님은 그 불 속에도 계시지 않았습니다.

우리가 흔히 '하느님의 행위'라고 부르는 이 모든 사건 중 어느 것에도 하느님이 계시지 않으셨다는 것은 참 아이러니합니다. 앞서 경고했듯이, 자연재해 대부분은 그저 자연재해일 뿐입니다. 우리는 그 자연재해를 슬퍼하고, 재해가 초래한 파괴를 애도하며, 미래에 미칠 영향을 예방하거나 줄이기 위해 노력할 수는 있습니다. 하지만 각각의 재해 속에서 영적인 교훈을 찾으려는 것은 어리석은 일입니다. 그로 인해 부분적으로 작은 것들을 놓치는 결과를 초래할 수도 있습니다.

산을 뒤흔드는 그 모든 거대한 사건이 지나간 후, 미세한 속삭임을 들을 수 있을 만큼 조용해졌습니다. 그다음 들린 소리는 아주 쉽게 놓치기 쉬운 소리였습니다. 엘리야가 너무 큰 소음을 냈다거나, 너무 시끄럽게 움직였다거나, 더 큰 무엇인가를 기대하며 그 소리에 주의를 기울이지 못했을 수도 있었습니다. 하지만 다행히 엘리야는 인내심을 가지고 고요히 있을 줄 아는 지혜가 있었기에, 그 순간을 놓치지 않고 체험할 수 있었습니다. 그리고 그 가장 작은 소리 속에서도 하느님이라는 강력한 존재가 너무나 강하게 느껴져서, 엘리야는 자기 얼굴을 가리고 동굴로 도망쳐 숨었습니다. 바로 그때 하느님께서 엘리야에게, 그리고 우리 모두에게 이렇게 물으십니다. "여기에서 무엇을 하고 있느냐?"(1열왕 19, 13) 하느님은 여기에, 이 모든 자연의 원소 속에 현존하시며, 계시로서 함께하십니다.

솔로몬왕은 거룩한 도시 예루살렘에 성전을 건축하고 언약궤를 두어 영구적인 안식처를 마련했습니다. 하지만 우리는 엘리야 이야기에서 하느님이 성스러운 건물 안에만 갇혀 계시지 않으신다는 것을 분명하게 들을 수 있습니다. 사실 인간이 만든 성스러운 공간이 부패한다고 하더라도, 하느님은 여전히 광야와 산꼭대기 같은 자연의 장소에서 찾을 수 있습니다.

명상: 자연의 원소들에 귀 기울이기

물과 바람, 흙과 불은 모든 창조물의 원소적인 에너지입니다. 잠시 당신 육체가 지닌 흙과 같은 성질을 상상해 보십시오. 언젠가는 다시 흙으로 돌아갈 육체를 상상해 보십시오. 숨을 깊이 들이마시면서 폐를 통해 움직이는 공기를, 그 숨결의 힘을 느껴 보십시오. 손을 혈관에 대어 맥박을 느끼면서, 당신 몸에 생명을 주는 대부분 물로 이루어진 혈액의 리듬과 흐름을 느껴 보십시오. 몸이 만들어 내는 열기에 주목하면서, 당신이 가장 살아 있음을 느낄 때 내면에서 타오르는 불꽃을 알아차리십시오.

이들 네 가지 원소의 깊은 지혜에 귀 기울인다는 것은 우리 자신의 영적 방향과 삶의 지침뿐만 아니라, 우리가 타자에게 자신의 존재감을 어떻게 나타낼 수 있는지에 대한 지혜를 얻는 것을 의미합니다. 자연은 자기 내면의 움직임을 이해할 수 있는 보편적인 언어를 우리에게 제공합니다.

다음에 있는 각 원소에 대한 성찰에는 몇 가지 질문과 함께, 당신 스스로 참여할 수 있는 간단한 실천법이 포함되어 있습니다. 그 방법을 혼자 행할 수도 있고, 다른 사람들과 함께하는 작업에 활용하여 각 원소의 에너지 특성을 불러일으킬 수도 있습니다.

호흡을 통해 중심을 잡는 것부터 시작하십시오. 깊고 천천히 숨을 들이마시고 내쉬십시오. 당신의 인식이 심장 중심에 머무르는 모습을 상상하십시오. 지금은 기도의 시간이지 문제를 해결하는 시간이 아닙니다. 마음을 열어 어떤 선물이 다가올지 받아들일 준비를 하십시오.

공기라는 원소

나의 하느님, 모든 찬미를 받으소서!
바람과 공기 형제들을 통해서,
맑고 폭풍우가 몰아치는 모든 날씨의 변화로,
당신께서 만드신 모든 것을 소중히 기르시나이다.

— 아시시의 성 프란치스코, 《창조의 찬가》

바람 날개 타고 다니시는 분.
바람을 당신 사자로 삼으시고

— 시편 104, 3~4

빙헨의 성 힐데가르트는 인류의 소명을 자연의 원소들과 조화를 이루며 그 리듬 속에서 사는 것으로 보았습니다. 힐데가르트의 세계관에서 공기라는 원소는 동쪽 방향, 그리고 떠오르는 태양과 연결되어 있습니다. 공기는 깊은 호흡을 통해 우리가 깨어나 새로운 삶의 여정을 돌보도록 초대합니다. 이것은 삶이라는 선물을 환영하는 순간입니다. 공기라는 원소는 또한 봄꽃을 피어나게 하는 에너지와 차오르는 달과도 연결되어 있습니다.

동쪽을 향해 서는 것으로 시작하십시오. 동쪽은 새벽과 새로운 시작의 방향입니다. 이 시간은 새로운 생명이 깨어날 때 우리에게 불어넣어지는 시간입니다. 자신의 호흡이 살아 있는 모든 생명체의 호흡과 연결되어 있음을 상상해 보십시오. 당신 호흡의 춤을 지켜보십시오. 우리가 매번 숨을 내쉴 때마다 식물들은 이산화탄소를 흡수하고 산소를 방출합니다. 숨을 깊이 들이마시면서, 식물들이 제공하는 그 선물을 받아들이십시오.

- 당신은 어디에서 깨어남을 체험하나요?
- 깊고 넓은 호흡처럼, 어떤 방식으로 당신이 확장되기를 갈망하나요?
- 메리 올리버가 묻듯이, "단지 숨만 조금 쉬면서, 당신은 그것을 삶이라고 부르나요?"○

○ Mary Oliver, "Have You Ever Tried to Enter the Long Black Branches?" in *West wind: Poems and Prose Poems* (New York: Houghton Mifflin company, 1997), 62. (메리 올리버 지음, 민승남 옮김, 〈검고 긴 나뭇가지들 사이로 들어가본 적 있어〉, 《서쪽 바람》, 마음산책, 2023)

이 질문들을 부드럽게 마음에 품고 그에 대한 응답을 들어 보십시오. 동쪽을 향해 공손히 고개를 숙이십시오.

불이라는 원소

나의 하느님,
불 형제를 통해 모든 찬미를 받으소서!
당신은 불 형제를 통해 밤까지도 밝게 비추십니다.
불은 얼마나 아름답고, 얼마나 쾌활한지!
힘과 강함이 가득합니다.

― 아시시의 성 프란치스코, 《창조의 찬가》

"나는 세상의 빛이다.
나를 따르는 이는
어둠 속을 걷지 않고 생명의 빛을 얻을 것이다."

― 요한 8, 12

힐데가르트는 불이라는 원소를 남쪽 방향 그리고 정오의 태양이 주는 열기와 연결했습니다. 불은 우리 마음속에서 밝게 타오르는 열정과 욕망의 절정을 추구하는 여정을 돌보도록 우리를 초대합니다. 또한, 이 원소는 여름의 무르익음과 보름달의 에너지와도 연결되어 있습니다.

남쪽을 향해 돌아서십시오. 남쪽은 충만함과 불의 방향입니다. 십자가의 성 요한이 "사랑이라는 살아 있는 불꽃"[○]이 타오르는 장소라고 불렀던, 가슴속에서 타오르는 열정의 장소와 당신의 심장을 다시 연결하십시오. 당신 자신, 당신이 사랑하는 사람들, 그리고 공동체와 세계에 대한 연민을 품어 보십시오.

- 당신의 열정은 어디에 있나요? 당신 내면의 불꽃을 지속시켜 주는 것은 무엇인가요?
- 당신은 무엇에게 '예'라고 대답할 수 있는 초대를 받았나요?
- 당신은 어떤 방식으로 더 밝게 타오르기를 갈망하나요?

이런 질문을 부드럽게 마음에 품고, 그에 대한 응답을 들어 보십시오. 남쪽을 향해 고개를 숙입니다.

물이라는 원소

나의 하느님,

[○] St. John of the Cross, *The Collected Works of St. John of the Cross* (Washington, DC: ICS Publications, 1991).

물 자매를 통해 모든 찬미를 받으소서!
물 자매는
너무나 유용하고 겸손하며 소중하고 순수합니다.

— 아시시의 성 프란치스코, 《창조의 찬가》

"목마른 사람은 다 나에게 와서 마셔라.
나를 믿는 사람은 성경 말씀대로
'그 속에서부터 생수의 강들이 흘러나올 것이다.'"

— 요한 7, 37~38

힐데가르트는 물이라는 원소를 서쪽 방향, 그리고 저무는 태양과 연결했습니다. 물은 삶의 흐름에 우리 몸을 맡기도록, 삶에 자기 의지를 강요하기보다는 자연스럽게 흘러가도록 초대합니다. 물이라는 원소는 또한 가을의 내맡김과 이울어 가는 달과도 연결되어 있습니다.

서쪽을 향해 돌아서십시오. 서쪽은 빛이 점점 줄어들고 끝맺음이 다가오는 시간, 즉 시간의 유한함을 깨닫는 방향입니다. 물은 우리가 삶의 흐름에 순응하도록, 자연스럽고 유기적인 삶으로 이어지도록 초대합니다.

• 당신 자신을 어디에 내려놓고, 내맡기라는 부르심을 경험하

나요?
- 어떤 방식으로 당신 자신을 내려놓고 싶은가요?
- 삶의 흐름이 당신을 어디로 가라고 부르나요?

이런 질문을 부드럽게 품고 그에 대한 응답을 들어 보십시오. 서쪽을 향해 공손히 고개를 숙입니다.

흙이라는 원소

나의 하느님,
어머니이신 흙 자매를 통해 모든 찬미를 받으소서!
흙 자매는 그 주권으로
우리에게 먹을 것을 공급해 주시고,
다양한 열매와 색깔이 있는 꽃과 허브를 생산합니다.
— 아시시의 성 프란치스코, 《창조의 찬가》

나는 포도나무요 너희는 가지다.
— 요한 15, 5

힐데가르트는 흙이라는 원소를 북쪽 방향, 그리고 자정이라는 시간에 연결했습니다. 흙은 우리를 미지의 세계로, 어둠과 휴식으로 들어가도록 초대합니다. 흙이라는 원소는 겨울이라는 동면의 시간과 새로운 초승달과 연결되어 있습니다.

이제 북쪽을 향해 돌아서십시오. 자정은 어둠과 신비의 시간이며, 관상의 시간입니다. 모든 것을 이해하려는 욕구를 내려놓고 깊이 성찰하고 완전히 휴식을 취하라고 초대하는 시간입니다. 흙과 자정은 또한 죽음이라는 현실을 상기시킵니다. 성 베네딕토는《성 베네딕토 규칙》에 "매일 죽음이 눈앞에 있음을 명심하라."°라고 썼습니다. 이 수행은 우리가 흙에서 왔고 흙으로 돌아갈 것을 기억하며, 매 순간을 소중히 여기도록 상기시키기 위함입니다.

- 언젠가 흙으로 돌아갈 것을 알고, 당신은 어떻게 살겠습니까?
- 당신은 어디에서 더 많은 휴식과 여유로움이 필요하다고 느끼시나요?
- 당신은 어떤 초대에 대해 '아니오'라고 말하나요?

이런 질문을 부드럽게 받아 들고 그에 대한 응답을 들어 보십시오. 북쪽을 향해 공손히 고개를 숙입니다.

이 명상을 마친 후, 자신의 성스러운 중심으로 주의를 다시 돌리

° Timothy Fry, O.S.B., trans., RB *1980: The Rule of St. Benedict* (Collegeville, MN: Liturgical Press, 1981), 4:47. (허성석 번역·주해.《성 베네딕도 규칙》, 121~122쪽)

고, 지혜롭게 인도하는 이들 존재 안에서 휴식을 취하십시오. 당신 여정의 영적 지도자로서 바람과 불, 물과 흙이라는 네 원소가 준 선물에 감사하는 마음을 표현하십시오. 몇 분 동안 일기를 쓰면서, 어떤 원소가 가장 강하게 당신을 끌어당겼는지, 그리고 어떤 원소에 가장 큰 저항감을 느꼈는지를 기록하십시오.

관상 산책: 증인으로서의 원소들

증인이 된다는 것은 다른 사람의 경험에 함께하면서 그 사람의 그 무엇도 변화시키려 하지 않는 것을 의미합니다. 증인이 된다는 것은 단순히 함께 존재하는 행위만으로도 위안을 주는 힘이 될 수 있으며, 상황이 변화하고 변형될 수 있도록 허용합니다. 이것이 영적 지도와 영혼의 우정이 보여 주는 핵심입니다. 다른 사람을 위해 사랑하는 증인으로서 행동하는 것입니다. 단순히 이야기를 들어주고 받아 주는 것만으로도, 변화를 초래하는 힘 있는 행위가 됩니다. 자연은 우리에게 이런 사랑의 존재라는 모습을 보여 줍니다.

평소와 같이 관상 산책을 시작하십시오. 호흡을 깊게 하면서 중심을 잡고, 머리에서 가슴으로 인식을 끌어내립니다. 가능한 한 이 시간 동안은 최대한 온전히 현재에 존재하겠다는 의도를 세우십시오. 그리고 당신이 어디에 있든지, 자연이 당신을 어떻게 맞이하고 싶어 하는지 귀 기울여 들어 보십시오.

걷는 동안, 가슴에 있는 걱정을 지구와 자연의 네 원소에게 가져가십시오. 변화를 추구하려고 애쓸 필요는 전혀 없습니다. 그 대신 당신이 단순하게 경험하고 있는 모든 것 속에서 보이고 들리고 증인이 되려 하고 지켜지는 것들을 받아들이십시오. 당신 마음을 무겁게 하는 것이나, 열정과 꿈을 불러일으키는 것이 무엇이든 바람과 물, 흙과 불에게 그저 내주십시오. 그리고 그 응답으로 주어지는 그들의 지혜로운 응답을 들어 보십시오. 이렇게 받아들여지는 것에 대해 감사하는 마음을 표현하십시오.

집에 돌아오면, 이번 산책에서 당신이 알아차린 것과 발견한 것들에 대해 일기를 쓸 시간을 가지십시오.

허브의 초대: 성스러운 연기와 향

향은 여전히 지금도 많은 교회, 특히 가톨릭교회나 성공회 같은 교회의 고전적인 전통에서 정기적으로 사용되는 허브 수행의 한 형태입니다. 주님공현대축일에 동방박사들이 아기 예수를 방문한 이야기에서, 박사들은 선물로 황금과 유향과 몰약을 예수에게 가져왔습니다. 유향과 몰약은 종종 성스러운 시간과 장소에 태워서 사용하곤 합니다.

집에서도 향을 사용하여 공기를 정화하고 축복하며, 기도에 신성한 의도를 부여할 수 있습니다. 신성한 용도로 식물 재료를 태우는 방법에는 두 가지가 있습니다. 첫 번째 방법은 향으로 사용하는 것입니다. 이를 위해서 향내 나는 숯 조각과 향로가 필요합니다. 보통 빠르게 타오르는 향 숯을 찾는 것이 좋습니다. 성냥이나 라이터로 향 숯을 점화하고 향꽂이나 향로에 올려놓은 다음, 그 위에 향이나 식물 수지, 또는 말린 허브잎을 뿌려 주십시오. 몰약 수지를 사서 사용하면, 고대 동방박사들과의 연결을 느낄 수도 있습니다. 또는 원하는 말린 허브를 직접 태워 사용할 수도 있습니다. 연기가 당신의 기도를 신적 현존과의 친교로 이끌어 가도록 하십시오. 연기가 기도처럼 하늘로 올라가는 행위는 예로부터 전례에서 중요한 부분이었습니다. 시편 기자는 이렇게 말합니다. "저의 기도 당신 면전面前의 분향焚香으로 여기시고, 저의 손 들어 올리니 저녁 제물로 여겨 주소서."(시편 141, 2)

식물 재료를 태우는 또 다른 방법은 성스러운 연기 막대를 만들어 사용하는 것입니다. 즉 말린 허브들을 묶어서, 끝부분에 불을 붙여 연기를 방출하는 방식을 의미합니다. 저는 종종 로즈메리를 작은 다발로 묶어서 말린 다음 공간을 정화하는 데 사용합니다 로즈메리는 재배하기 쉽고, 때로는 쑥이나 세이지를 그 묶음에 추가할 수도 있습니다. 성스러운 연기는 제대에서 사용되거나, 또는 원하지 않는 에너지를 제거하는 데 도움을 줄 수도 있지만, 축복이라는 감흥을 불러일으키기도 합니다. 교회에서는 때때로 사제들이 향로를 사용하여 제대와 성경을 축복하는 것을 볼 수 있습니다. 사람들은 삶의 전환기를 겪을 때, 집에서 향을 태우는 경우가 많습니다. 또한, 성스러운 연기를 사용하여 자신이나 다른 사람을 축복할 수도 있습니다. 필요 없는 무언가를 놓아 버리는 기도를 드리고, 축복받는 사람 주위를 허브 연기가 감싸도록 하십시오.

향과 성스러운 연기를 위해, 당신 정원에 특정한 허브를 기르도록 선택할 수도 있습니다. 허브를 심을 때, 그 허브의 성장과 궁극적으로 미래의 사용됨을 위해 축복과 감사의 기도를 미리 드리십시오. 수확할 때는 허브를 선물로 받아들이고, 그 허브가 당신을 지원하고 불필요한 것들을 정화해 줄 수 있도록 도와주기를 요청하십시오.

시각 예술 체험: 원소들이 있는 제단 만들기

집에 네 원소의 상징을 배치할 제단을 만드는 것을 고려해 보십시오. 이 제단은 각 원소가 당신에게 제공하는 영혼의 지혜를 상기시켜 줄 것입니다.

제단의 동쪽 방향에 깃털이나 향을 놓아 바람과 공기를 기리는 의례를 하십시오.

제단의 남쪽 방향에 촛불을 놓아 불을 기리십시오.

제단의 서쪽 방향에 물이 담긴 그릇이나 조개를 놓아 물을 기리십시오. 집 근처의 수역, 즉 강이나 호수, 또는 바다로 가서 물을 떠가지고 와서 그릇에 담아 제단에 놓으십시오. 이 물을 정기적으로 교체해서 신선한 상태를 유지하십시오.

제단의 북쪽 방향에 돌과 마른 나뭇잎, 또는 다른 자연적인 물체를 놓아 흙을 기리십시오.

제단 한가운데에 십자가를 배치한 후, 모든 것을 중앙의 십자가라는 상징을 향해 고정시키십시오. 그리고 각 방향의 모든 것이 얼마나 성스러운지 상기하십시오.

그 제단 앞에서 매일 시간을 보내면서, 당신의 에너지와 주의가 어디로 향하는지 살펴보십시오. 그들 원소가 그날의 당신에게 어떤 지혜를 줄 수 있는지 물어보십시오. 창조의 하느님께 기도를 드리며, 인도자로 주신 자연의 원소들이 주는 지혜가 당신을 지원해 달라고 청하십시오.

글쓰기 탐구: "나는 ~이다"라는 시

우선 스콧 모머데이 N. Scott Momaday(1934~2024)의 〈초아이-탈리 Tsoai-Talee●의 즐거운 노래〉라는 시를 온라인 검색하는 것으로 시작하십시오. 그다음 이 작품에서 영감을 받아서 쓴 피정 참가자들의 시를 읽어 보십시오.

그 시들을 바탕으로 자신만의 "나는 ~이다"라는 시를 써 보십시오. 편집 없이 저절로 이미지가 떠오르도록 하고, 항상 "나는 ~이다"라는 말로 돌아가 창조세계의 어떤 부분과 자신을 연결하고 싶은지 들어 보십시오. 창조의 목소리가 이야기를 건네는 상상을 하면서, 자신이 말하고 싶은 것이 무엇인지 바라보십시오. 지구를 소중히 여기면서, 지구라는 존재와 친밀함을 느낄 수 있는 자기 능력을 심화시키도록 하십시오. 그리고 무엇을 주목했고 무엇을 발견했는지 기록하십시오.

이전 참가자들의 시

까마귀의 울음소리.
나는 고개를 기울여 그 소리를 들어요.
세계를 바라봐요. 세계가 기울어지며 이동하네요.
그것을 또 다르게 바라봐요. 빛나고 반짝이는 것들에 기뻐하면서.

- 초아이-탈리는 아메리카 원주민인 모머데이의 키오와족 전통 이름으로 바위-나무-소년이라는 의미이다.

바위는 쉬고 있어요.

아래에서 단단히 나를 받치고,

차갑고 단단하게, 그 안에 모든 것을 감추고 있어요.

태양의 따뜻함으로 부드럽게 녹아들어,

천천히 열리며 이야기를 들려주네요.

강은 흐르면서

나를 끌어당겨요. 나는 그 위로 떠다니면서 흘러가고,

소용돌이에 휘감겨 돌아가고, 바위 위로 굴러서 떨어지네요.

모험의 여정이에요.

꽃들이 피어나요.

분홍색과 흰색과 노란색 꽃잎이

눈에 보이지 않는 겨울 뒤에,

눈에 보이는 봄이 오네요.

인내를 배우면서 아름다움을 기다리고 있어요.

— 에벌린 잭슨(Evelyn Jackson)

나는 바람과 함께 노래하는 별이에요.

나는 물가에서 끙끙거리는 개구리예요.

나는 경계를 지키며 살아가는 키 큰 나무예요.

나는 씨앗을 퍼뜨리며 날아다니는 작은 박새예요.

나는 무지개를 받치고 있는 안개예요.

나는 하늘을 비추는 호수예요.

나는 사랑, 내 사랑하는 이를 품고 있는 사랑이에요.

나는 기쁨과 슬픔으로 이루어진 어머니예요.

나는 끓는 물 속에서 사라져 버리고 마는 녹말 같은 눈송이에요.

나는 꽃에 영양분을 도둑맞는 태양빛이에요.

나는 숲을 날아다니는 강풍이에요.

나는 촉촉이 내려 부드럽게 땅을 적시는 비예요.

나는 높은 곳에서 미소 짓는 낯선 이방인이에요.

— 마고 네이글(Margo Nagle)

나는 매의 눈, 세상을 두루 살펴보고 있죠.

나는 까마귀의 부리, 먹이를 찢어 내고 있어요.

나는 빛나는 황철광 속 철이에요.

나는 검은 구름과 바람 아래 축축하게 자라는 레드우드의

부드러운 초록빛 바늘 모양이에요.

나는 눈 위를 걷는 개의 발자국,

그 뒤에 남겨진 노란 결정체예요.

나는 양털에 걸린 엉겅퀴,

바람에 떠다니다 떨어지는 솜털 같은 그 씨예요.

나는 달이에요.

— 케이크 헉(Kake Huck)

나는 바람의 숨결이에요.
나는 불꽃의 그림자예요.
나는 물에 반사된 반영이에요.
나는 태양의 입맞춤이에요.
나는 달빛의 포옹이에요.
나는 빗방울의 가장자리예요.
나는 내 어머니의 자식이에요.
나는 희망의 화신이에요.

— 지넷 비거(Jeannette Beeger)

나는 '나를 그려줘'라고 외치는 돌이에요.
나는 내가 있었던 곳에 작별을 고하는 황금빛 잎사귀예요.
나는 하나의 일을 다른 일로 이어가게 하는 흰 개예요.
나는 흐름과 함께 움직이는 펼친 날개를 가진 독수리예요.
나는 모든 이에게 따뜻함과 관대함을 주는 태양이에요.
나는 긴 밤의 어둠을 맞이하는 쌍둥이자리의 유성우예요.
나는 저녁 하늘에서 화성과 함께 걷는 달이에요.
나는 최종 목적지를 모르는 채 여정을 떠나는 빗방울이에요.

나는 화살을 잡고 화살이 나를 인도하게 하는 여정이에요.

— 돌로레스 니스-지겐탈러(Dolores Nice-Siegenthaler)

나는 바람이 조각한 하얀 소나무예요.

나는 물로 매끄럽게 다듬어진 분홍빛 화강암이에요.

나는 호수를 가로지르는 달의 오렌지빛 길이에요.

나는 집을 가리키는 북두칠성이에요.

나는 모든 것을 휩쓸어 가는 강물의 흐름이에요.

나는 야생 칠면조를 품고 있는 솔송나무 숲이에요.

나는 짝을 찾는 노래를 부르는 물총새예요.

나는 점점 사라져 가는 고대의 별,

안타레스(전갈자리의 알파성)예요.

나는 겨우내 황금빛 잎사귀를 지탱하는 회색 너도밤나무예요.

나는 호기심 어린 눈으로 지켜보는 붉은 여우예요.

나는 계절에 따라 색이 변하는 눈덧신토끼(snowshoe hare) 예요.

나는 조지아만 화강암에 줄무늬처럼 박혀 있는 석영의 맥이에요.

나는 기억으로, 경이로, 선물로

내 안에 살아 숨 쉬는 모든 것이에요.

— 앤 비티-스토크스(Anne Beattie-Stokes)

마무리 축복 기도

4장에서는 지구와 지구의 원소들을 원초적인 영적 지도자로 간주했습니다. 물과 바람, 흙과 불 같은 존재가 제공하는 지혜로운 인도에 마음을 열어 보라는 초대를 받았습니다. 자연에서 보내는 시간을 통해, 우리는 혼자가 아니라는 것을 기억할 수 있습니다. 네 원소는 우리와 함께하면서 신적 현존을 드러내고 우리에게 방향을 제시합니다.

아침 축복
[아르헨티나의 국민가수 메르세데스 소사(Mercedes Sosa, 1935~2009)의 노래 〈생에 감사합니다(Gracias A La Vida)〉에서 영감을 받았음]

생명에 감사드려요, 제게 이렇게 많은 것을 주었어요.
재, 흙, 진흙, 돌, 모래, 먼지

생명에 감사드려요, 제게 이렇게 많은 것을 주었어요.
레몬의 초록, 밝은 잎과 어두운 잎, 잔디야 그늘을 제공히는 비드나무의 치맛자락…

생명에 감사드려요. 제게 이렇게 많은 것을 주었어요.
여름의 꽃들 – 비를 마시고 흡수하는 장미와 제라늄과 데이지.

생명에 감사드려요. 제게 이렇게 많은 것을 주었어요.
새들의 노래, 털북숭이 동물들, 벌레들, 독침이 있는 작은 곤충,
파리 그리고 생명을 주는 꿀을 제공하는 벌

생명에 감사드려요. 제게 이렇게 많은 것을 주었어요.
태양과 바다와 달, 그리고 시간의 흐름, 모든 별의 먼지

제게 이렇게 많은 것을 주었어요.

— 질리언 로스(Jillian Ross)

5

지구,
최초의 성상

질문: 학문의 열매는 무엇인가요?
대답: 모든 식물과 곤충, 모든 새와 동물, 그리고
모든 남자와 여자에게 반영되는
영원하신 하느님의 말씀을 인식하는 것입니다.

− 성 니니안 St. Ninian

○ Quoted in Robert Van de Weyer, ed., *Celtic Fire: The Passionate Religious Vision of Ancient Britain and Ireland* (New York: Doubleday, 1990), 78.

성상聖像, icon은 동방 정교회 전통에서 아주 중요한 역할을 합니다. 성상은 신학적으로 성스러운 것으로 여겨지며, 하늘과 땅 사이의 친교를 위한 문을 제공합니다. 성상 제작은 육화 신학에 뿌리를 두고 있습니다. 육화 신학에서 그리스도는 하느님의 성상이고, 그 성상은 가시적인 복음의 형태를 이룹니다. 종종 성상에 입맞춤하는 것은 그리스도에 대한 사랑과 헌신을 나타내는 행위의 일환입니다.

자연은 우리 중 많은 사람에게 거룩한 경전이고, 자연이라는 성상은 세계 내에서 활동하시는 신적 현존을 보여 주는 창입니다. 따라서 창조세계는 원초적인 성상이며, 위대한 예술가이신 하느님과 그분의 작품인 우리가 만나는 원초적인 장소입니다. 하느님은 우리를 둘러싼 세계에서 끊임없이 활동하고 계십니다.

빙엔의 성 힐데가르트는 거룩함의 현존을 **비리디타스**viriditas를 통해 보았습니다. 비리디타스는 본질적으로 하느님의 푸르게 하는 힘을 의미합니다. 이 푸르게 하는 힘은 물리적인 수준에서 작용하며, 식물과 나무가 완전히 성장하기 위해 그들의 내면에서 생명 에너지를 모으는 방식으로 나타납니다. 하지만 이 힘은 영적인 수준에서도 작용합니다. 우리 영혼은 푸르게 될 수도 있고, 때로는 메마르고 건조한 것처럼 느껴질 수도 있습니다. 힐데가르트에게 있어서, 이 푸르게 하는 힘이 창조물과 식물과 인간의 영혼을 통해 자유롭게 흐를 수 있을 때, 그것은 신성이 활동하고 있다는 신호였습니다. 힐데가르트는 육체가 어떻게 번성하는지, 육체의 상태가 존재의 내적 상태를 어떻게 반영하는지 살펴보는 것을 식별의 독특한 원리로 삼았습니다.

힐데가르트에게는 이 외적인 푸르름이 성상이자, 활동하시는 성령의 현존을 시각적으로 나타내는 상징적인 이미지였습니다. 힐데가르트는 이미 여기 존재하는 것 이외에는 우리에게 다른 아무것도 필요하지 않다고 믿었습니다. 창조세계는 우리 가운데 계시는 신성의 얼굴을 드러내며, 볼 수 있는 눈만 있다면 우리는 그 신적 존재를 인식할 수 있습니다. 우리를 둘러싼 모든 것에 있는 푸르름에 자신을 열면, 우리는 자연 속에서 이미 활동하고 계시는 신성을 발견하게 됩니다.

폴리뇨의 안젤라 Angela of Foligno(1248~1309)는 13세기 프란치스코 수도회의 신비주의자로서, 세계 내 신성의 존재를 또 다른 방식으로 보았습니다. 안젤라는 이렇게 썼습니다.

즉시 내 영혼의 눈이 열렸고, 환시 속에서 하느님의 온전함과 창조세계의 온전함을 보았다. 바닷속에서 그리고 바다 너머 외적 공간의 모든 것에서, 하느님의 권능과 하느님의 현존 외에는 아무것도 보지 못했다. 그것은 전적으로 형언할 수 없는 것이었다. 그 모든 것에 대해 내 영혼은 경이로움으로 압도되었다. 나는 외쳤다. "세계는 하느님으로 가득 차 있습니다!" 그때 나는 하느님의 위대함을 고려할 때, 창조세계가 얼마나 미소한지를 깨달았다. 하느님의 권능은 바다와 그 너머의 모든 것을 가득 채우고 있다.°

세계가 신적 존재로 가득 차 있다는 이런 감각이 육화의 핵심이자 성상으로 들어가는 문이기도 합니다. 성상은 이런 충만함을 드러내어, 갑자기 우리의 눈을 뜨게 해서 경이라는 감각으로 사물을 바라볼 수 있게 합니다. 신적 본성으로 향하는 창으로서 자연을 주의 깊게 살펴봄으로써, 하느님께서 우리 삶에서 어떻게 활동하시는지를 배우게 됩니다.

프란치스코회 수도자 성 보나벤투라 St. Bonaventure(1221~1274)는 자연이 그 자체를 성상으로 드러내는 방식을 설명하는 또 다른 이

° Quoted in Carmen Acevedo Butcher, *A Little Daily Wisdom: Christian Women Mystics* (Brewster, MA: Paraclete Press, 2005), Kindle edition.

미지를 제공합니다. "창문을 통해 들어오는 한 줄기 빛이 다양한 색 유리의 색상에 따라 각각 다르게 착색되는 것을 볼 수 있듯이, 신적인 빛도 각각의 창조물에 따라 각기 다른 방식으로, 그리고 다양한 속성으로 비친다."○ 하느님은 모든 창조물을 통해 독특한 방식으로 빛을 비춰 주시기 때문에, 그로 인해 신성의 다양성과 스펙트럼이 우리에게 드러나는 것입니다.

슬픔을 위한 공간 만들기

기도하는 마음으로 세계를 바라볼 때, 우리가 분명하게 볼 수 있는 것 중 하나는 인간이 자연에 가한 엄청난 파괴입니다. 자연은 성상으로서 신성한 창조의 영광을 드러낼 뿐만 아니라, 인간의 개발, 플라스틱과 독성물질, 화학물질과 화석 연료의 남용이라는 현실도 보여 줍니다.

자연과 깊은 친밀함을 갖기 위한 관상의 길에서 필수적인 부분은 사물의 진리를 보고, 우리를 짓누르고 부담을 주는 우리의 습관과 관행, 그리고 존재 방식에서 우리가 무엇을 내려놓아야 하는지

○ St. Bonaventure, *The Soul's Journey into God*, translated by *Ewert Cousins*, Classics of Western Spirituality (New York: Paulist Press, 1978), 26. (보나벤투라 지음, 원유동 옮김, 《하느님께 이르는 영혼의 순례기》, 누멘, 2012)

를 식별하는 것입니다. 또한, 이 과정은 지구에 해를 끼치는 습관을 인식하고 생활방식을 변화하는 데 중요한 역할을 합니다.

우리는 모두 지구가 번영하기 위해 우리가 좀 더 가볍게 살고, 덜 소비하며, 폐기물을 덜 배출해야 한다는 것을 잘 알고 있습니다. 그렇다면 새로운 그 무엇을 위한 공간을 더 많이 만들기 위해, 어떤 태도나 신념을 내려놓을 수 있을까요? 지구에 미치는 우리 영향에 대해 생각할 때, 우리가 느끼는 것은 압도감이나 절망감일 것입니다. 하지만 우리의 작은 행동들이 모여서 쌓이면, 이런 느낌이나 사고방식도 희망이라는 방식으로 전환될 수 있습니다. 따라서 앞으로 나아가는 것이 더욱더 중요합니다.

슬픔을 표현하는 행위 또한 매우 중요합니다. 슬픔을 표현하는 것은 우리가 지닌 슬픔이라는 층을 풀어헤침으로써, 우리 내면에서 새로운 방식으로 성령께서 깨어나실 수 있는 공간을 만들어 줍니다. 우리는 고통과 고난을 부정하고, 가능한 모든 방법으로 주의를 분산시키거나 기분 좋게 만들려는 문화 속에 살고 있습니다. "강해져야 해요!", "계속 앞으로 나아가세요!", "긍정적으로 생각하세요!"와 같은 메시지에 둘러싸여 살아가면서, 우리는 방향 감각을 잃고 슬픔을 겪는 현실을 부정하고 있습니다.

영향력 있는 미국의 신학자 월터 브루그만Walter Brueggermann (1933~)은 슬픔에 대한 성경 전통과 인간으로서 우리가 슬퍼하는 것이 우리 건강에 얼마나 긴요한지에 대해 매우 강력한 어조로 설명합니다.° 시편 전체의 3분의 1은 비탄悲嘆의 시로 구성되어 있습니다. 브루그만은 이들 시편을 인간 상실의 고통에 주의를 환기하면서도, 그에 관한 판단은 내리지 않는 '방향 감각이 혼란된 상태의 시편'이라 말합니다. 고통이라는 현실은 주어지는 것입니다. 이런 고통을 부정할 때, 우리는 죄책감에 빠지거나, 자기 비난과 자책이라는 악순환에 갇히기 쉽습니다. 이런 시편들은 개인과 신앙 공동체가 함께 기도하는 방법과 고통에 대한 진실을 말하고, 우리가 살아가는 현실에 이름 붙일 기회를 제공합니다.

교회는 일반적으로 우리에게 제대로 슬퍼하는 방법에 대한 자원을 제공하지 않습니다. 전통적인 교회의 언어는 희망과 부활의 측면에 지나치게 의존하여, 성경 이야기의 죽음과 고통, 그리고 추락의 측면을 종종 잊어버리곤 합니다. 브루그만은 진실을 말하기 위한 필수적인 행위로 슬픔을 묘사합니다. 무엇인가 잘못되었음을 인정하는 것은, 우리 목구멍에 걸린 울부짖음을 느슨하게 풀어 주고, 굳어진 우리 마음을 부드럽게 합니다. 우리는 버림받음과 죽음의 경험을 통해 부활에 이르는 여정으로 나아가야 합니다. 그냥 밖으로 빠져나갈 수 있는 탈출구는 없습니다. 오직 통과하는 길만 있습니다.

○ Walter Brueggemann, *The Prophetic Imagination* (Minneapolis, MN: Fortress Press, 2018), 117. (월터 브루그만 지음, 김기철 옮김, 《예언자적 상상력》, 복있는사람, 2023)

우리는 집단으로 너무 오랫동안 아주 많은 슬픔을 부정해 왔기 때문에, 우리 몸이 지닌 슬픔에 잠기는 것을 고려하는 것조차 많은 사람에게 두려운 일이 되었습니다. 개인적인 상처에 대한 슬픔과 인간종이라는 집단의 이름으로 우리가 자행한 불의에 대한 슬픔(우리 몸은 이런 고통을 지니고 있습니다)은 제대로 표현되지 않으면 우리 안에 그냥 얼어붙게 됩니다.

환경 운동가이자 작가인 조애나 메이시Joanna Macy(1929~)는 지구에 대한 우리의 집단적인 고통을 체험하는 것이 지닌 힘에 관해 설명합니다.º 고통을 억누르면, 우리는 의미 있는 방식으로 행동할 수 없게 됩니다. 메이시는 고통을 억압할 때, 불신과 부정과 이중생활이라는 세 가지 주요 대처 전략으로 기우는 경향이 있다고 말합니다. 지구에서 일어나고 있는 현실을 받아들이는 데 어려움을 겪기 때문에, 우리는 그 규모조차 온전히 이해하지 못합니다. 우리는 같은 방식으로 계속 살아가면서 하루하루를 버텨 내기 위해 일종의 피상적인 쾌활함만을 유지하려 합니다.

'지구'를 '성스러운 존재'라는 성상으로 바라보기 위해서, 우리가 지구에 가한 끔찍한 일들을 지구가 어떻게 드러내는지에 대해서

º   Joanna Macy, "Honoring Our Pain for the World," in *Active Hope: How to Face the Mess We're In without Going Crazy* (Novato, CA: New World Library, 2012). (조애너 메이시·크리스 존스톤 지음. 양춘승 옮김. 〈세상에 대한 우리의 고통을 존중하기〉,《액티브 호프: 암울한 현실에서 새로운 미래를 여는 적극적 희망 만들기 프로젝트》, 벗나래, 2016)

우리는 씨름해야만 합니다. 애도는 치유를 향한 필수적인 첫걸음입니다. 우리는 십자가의 성 요한이 일괄해서 '어두운 밤'이라고 불렀던 경험을 집단으로 겪고 있는 중입니다. 이것은 우리가 **교착상태**impasse에 빠져 있음을 의미합니다. 가르멜회 수녀이자 신학자인 콘스턴스 피츠제럴드Constance Fitzgerald(1934~)는 '교착상태'가 무엇을 의미하는지 이렇게 설명합니다.

> 교착상태란 자신을 가두고 있는 상황에서 벗어날 방법이 없고, 우회할 방법도 없고, 이성적으로 탈출할 길도 없으며, 그 상황에서는 어떤 가능성도 없는 상태를 의미한다. 진정한 곤경에서는 모든 정상적인 행동 방식이 정지된다. 아이러니하게도 교착상태는 문제 자체뿐만 아니라 이성적으로 시도되는 모든 해결책에서도 경험된다. 모든 논리적인 해결책은 최소한 불만족스럽게 여전히 남아 있다. 전체적인 삶의 상황은 고갈되고, 그 위에 한계라는 단어가 드러난다. (…) 어떤 탈출의 움직임이나 그다음 단계도 취소된다. 가장 위험한 유혹은 포기하고 중단하고 실망과 환멸, 절망과 의미 상실에 직면하여 냉소와 절망에 굴복하는 것이다.°

° Constance Fitzgerald, O.C.D., "Impasse and the Dark Night," in *Living with Apocalypse: Spiritual Resources for Socail Compassion* (New York: HarperCollins Publishers, 1984), 94.

사회와 세계가 직면한 문제들을 해결하기 위하여, 취해야 할 수많은 다음 단계를 우리는 이미 알고 있습니다. 하지만 개인으로서 우리는 종종 선출된 지도자들의 부정이나 무관심에 무력감을 느끼곤 합니다.

진정한 교착상태에 있을 때, 우리의 일상적인 운영 방식은 정체됩니다. 문제를 해결하고, 논리적으로 추론하려 하는 좌뇌의 분석적인 접근법은 더 이상 효과적이지 않습니다. 그 결과 우뇌를 활성화해서 직관과 창의성이라는 선물을 가져오게 함으로써, 우리 기대를 넘어서는 해결책을 제안하려 합니다. 피츠제럴드는 이것을 "상상력에 대한 역逆 압력"이라고 설명하면서, 상상력만이 앞으로 나아갈 수 있는 유일한 방법이라고 말합니다.

독일의 신학자 도로테 죌레Dorothee Soelle(1929~2003)는 교착상태의 고통이 제대로 표현되지 않으면, "그에 따라 삶에 대한 열정과 그 기쁨을 느끼는 힘과 강도도 상응하여 사라진다."○라고 강조합니다. 이런 교착상태에 처한 자신을 발견할 때, 우리가 느끼는 깊은 고통과 괴로움을 표현할 방법을 찾아야 합니다. 그렇지 않으면 그것에 의해 파괴되거나 무관심으로 인해, 완전히 무감각해질 수도 있습니다. 비탄은 끔찍한 상황과 고통을 창의적으로 해결하는 괴

○ Dorothee Soelle, *Suffering* (Philadelphia: Fortress, 1975), 36. (도로테 죌레 지음, 《고난》, 한국신학연구소, 2002)

정에서 꼭 필요한 단계입니다. 비탄은 앞으로 나아갈 새로운 길을 열어 줍니다.

여러 시대를 거쳐 온 신비주의자들의 경험은 우리에게 일반적인 합리적 접근 방식이 큰 도움이 되지 않는다는 것을 확신시켜 줍니다. 하지만 우리 스스로 교착상태를 경험하고, 그 안으로 완전히 들어가 가슴이 슬픔을 체험하도록 허용할 때 변화가 들어올 수 있습니다.

애도 수행

우리는 지구를 대신하여 지구가 경험하는 슬픔과 고통에 이름을 붙이라는 부르심을 받았습니다. 이렇게 슬픔과 고통을 표현함으로써, 우리 슬픔이 기능 장애가 되는 것을 피할 수 있습니다. 억압된 고통은 주변 세계에 투사되어, 더 많은 고통을 초래하거나, 많은 사람이 느끼는 무력감을 강화합니다. 고통이 우리를 통해 흐를 수 있는 공간을 만들 때, 우리는 카타르시스를 위한 조건을 창출할 수 있습니다. 하지만 단순히 지구에 대한 슬픔을 표현한다고 해서, 어떻게든 그것을 극복할 수 있다는 의미는 아닙니다. 하지만 슬픔을 표현함으로써, 서로 간의 슬픔과 동질감을 발견할 수 있고, 지구의 모든 창조물과 더 깊은 연대감을 느낄 수 있습니다. 우리는 지구의 모든 창조물이 겪는 고통을 경험하는데, 그들과 우리가 상호 연결되어 있기 때문입니다. 우리가 지구에서 비롯된 존재임을 기억할 때, 지구의 슬픔이 우리의 몸과 마음을 통해 흐른다는 것을 인식하게 됩니다.

고통을 두려워할 필요가 없음을 발견하고 그 고통을 지켜보며 견딜 수 있다는 것을 알게 될 때, 우리는 엄청난 생명 에너지를 방출하게 됩니다. 우리가 경험하는 고통은 실제로 지구와 우리가 깊이 연결되어 있다는 것을 확인해 주는 증거일 수도 있습니다. 슬픔을 느끼는 능력은 연민에 들어갈 수 있는 능력을 나타냅니다.

돌의 인내력

아일랜드에 살면서 제가 받은 가장 예상치 못했던 선물 중 하나는 돌에 대한 사랑에 빠진 것입니다. 예전부터 해변이나 강가에 있는 돌을 모으는 것을 좋아하기는 했지만, 제가 모으는 돌의 종류에 대해서는 그다지 깊이 생각해 본 적이 없었습니다.

골웨이에서, 우리는 두 가지 매우 다른 지질학적 경관이 만나는 지점에 살고 있습니다. 남쪽에는 버렌Burren('바위 지구'라는 뜻)이 있습니다. 버렌은 세계에서 몇 안 되는 카르스트karst 지형 중 하나로서, 석회암이 침식되어 그 기반암이 드러나 있는 경관입니다. 또한,

버렌은 식물학적으로도 아주 독특합니다. 그곳에는 고산지대와 북극과 지중해 기후의 꽃들이 함께 자생하고 있기 때문입니다. 전 세계의 많은 사람이 이런 장관을 관찰하고 연구하기 위해 버렌을 찾아오며, 특히 봄과 여름에 야생화가 만개할 때 관광객 수가 많아집니다.

   침식되어 노출된 석회암으로 인해, 버렌의 경관은 이상한 특성을 보여 줍니다. 석회암은 부드럽고 다공성이기 때문에, 매끄럽게 마모되기도 하고 구멍이 많이 뚫리기도 합니다. 그 구멍을 따라 빗물이 지하로 스며들어 갑니다. 그래서 이곳을 걸으면, 달 위를 가로질러 걷는 듯한 느낌이 들 때가 많습니다. 또한, 버렌은 아일랜드 전역에서 교회 유적지가 가장 많이 밀집된 곳이기도 합니다. 아마도 고대 아일랜드 수도자들이 시리아와 이집트에 살던 사막교모와 교부들처럼 이곳에서 광야라는 장소를 찾았기 때문일 가능성이 가장 큽니다.

   우리 집 서쪽에는 코네마라Connemara라는 지역이 있습니다. 이 지역은 화강암과 대리석과 석영으로 이루어져 있는데, 이들은 단단하고 뾰족하게 각진 형태의 돌들입니다. 이 돌들로 이루어진 산은 하늘을 향해 치솟아 있는 봉우리가 있고, 빗물을 지표 위에 머물게 해서 아름다운 호수를 많이 만듭니다. 또한, 코네마라는 습지로 덮여 있기도 합니다. 이곳 땅에는 키가 작은 식물들이 잘 자라기 때문에 먹이를 쉽게 찾을 수 있으므로, 많은 양이 이곳에 방목되고 있습니다. 특히 히스 속 식물들과 가시 금잔화가 풍부하게 자생하고 있습니다.

이 돌들이 제게 사물의 지속성에 관해 이야기하고, 자연이 어떻게 지속될 것인지에 대해 알려 주었습니다. 화강암과 석회암 사이에서 시간을 보내다 보면, 이 성스러운 풍경 속에서 살아왔던 여러 세대의 수많은 사람이 올린 모든 기도를 상기하게 됩니다. 끊임없이 자기 삶의 의미를 찾으려고 노력했던 사람들, 제가 그 위대한 혈통의 일원임을 깨닫게 됩니다.

그 돌들은 은총의 성상입니다. 그 돌들은 제게 세계의 펼쳐짐을 함께 인내하며 지속해 온 신적 존재의 얼굴을 드러내 줍니다. 우리가 지고 있는 무한한 짐과 자기 스스로 신적인 존재에게서 멀어지게 하는 이야기들이 우리를 방해하는 요소입니다. 다음 기회에 돌들이나 나무들 사이에 있게 되면, 당신 마음의 무거운 짐을 거기 내려놓고, 그 짐을 산이나 바다가 대신 짊어지고 가는 모습을 상상해 보길 바랍니다.

성 골룸바와 그의 말

성 골룸바St. Columba(521~597. 아일랜드에서는 성 골룸실St. Columcille로 알려져 있음)는 아마도 스코틀랜드의 이오나 섬에 수도원을 세우기 위해, 작은 배를 타고 아일랜드 해협을 건넌 분으로 가장 유명합니다. 이 수도원은 지금도 여전히 활동적인 공동체로 남아 있습니다.

골룸바에 관한 이야기 중 하나는, 그가 매우 사랑했던 말에 관한 이야기입니다. 골룸바에게 죽음이 다가왔을 때, 그 말은 골룸바에게 다가가 곧 소중한 친구를 잃게 될 것을 알고 슬피 울기 시작했다고 합니다.

골룸바의 동물 친구가 자유롭게 자기 슬픔을 표현하는 이야기는 정말 감동적입니다. 동물도 감정이 풍부한 삶을 산다는 것, 그리고 연결감과 상실감, 기쁨과 슬픔을 어떻게 경험하는지에 대한 많은 연구 결과가 있습니다. 이 이야기는 제게 하느님의 부드러움을 상징으로 보여 주는 성상입니다.

존 발터스 페인트너의 성경 묵상

자유를 위해 함께 일하기 (로마 8, 19~23)

사실 피조물은 하느님의 자녀들이 나타나기를
간절히 기다리고 있습니다.
피조물이 허무의 지배 아래 든 것은 자의가 아니라

그렇게 하신 분의 뜻이었습니다.
그러나 그것은 희망을 간직하고 있습니다.
피조물도 멸망의 종살이에서 해방되어,
하느님의 자녀들이 누리는 영광의 자유를 얻을 것입니다.
우리는 모든 피조물이 지금까지 다 함께 탄식하며
진통을 겪고 있음을 알고 있습니다.
그러나 피조물만이 아니라 성령을 첫 선물로 받은 우리 자신도
하느님의 자녀가 되기를,
우리의 몸이 속량되기를 기다리며 속으로 탄식하고 있습니다.

— 로마 8, 19~23

    로마 교회 공동체에 보낸 성 바오로의 편지는 그의 다른 편지들과 크게 다르지 않습니다. 바오로는 화려하면서도 겸손한 인사를 한 다음, 새롭게 등장한 교회에 나타나기 시작한 특정한 문제를 구체적으로 다루면서, 이후 수 세기에 걸쳐서도 모든 그리스도교 신자에게 유익한 보편적인 조언을 제공합니다.

    로마의 이 새로운 그리스도교 교회는 수많은 다양한 구성원으로 이루어져 있습니다. 그들은 예수님의 길을 따르기로 한 유대인과 이방인들입니다. 하지만 모든 그리스도인이 증언하듯이, 예수님을 따르는 것이 평탄한 삶이나 조화로운 공동체를 보장하지는 않습니다. 우리는 모두 (개인으로나 집단으로) 문제를 안고 있으며, 따라서

종종 어려움을 겪습니다. 인간은 복잡한 존재입니다. 그리고 사회는 우리 삶을 더욱더 쉽게 만들기 위해 많은 혜택을 제공하지만, 그에 따른 대가를 요구합니다. 우리는 서로 잘 지내지 못할 때가 많고, 가끔은 약간의 도움이 필요하기도 합니다. 성 바오로는 필요할 때 격려와 지침을 제공하기 위해 편지를 썼습니다.

편지의 첫 부분에서 성 바오로는 우상숭배와 신앙으로 의롭게 되는 것, 율법에 따라 사는 것과 성령을 따라 사는 것의 차이에 관해 이야기합니다. 이 마지막 주제가 유대계 그리스도인들과 이방계 그리스도인들 사이에서 논쟁의 요점이 되었습니다.

로마 교회의 유대 출신 신도들은 당연히 모세의 율법에 초점을 맞추고 있습니다. 그들은 그렇게 율법에 따라 자라 왔고, 율법은 사실 그들이 아는 전부입니다. 유대계 그리스도인들에게 예수 그리스도는 오랫동안 기다려 온 메시아라는 성취입니다. 하지만 로마 교회의 이방인 신도들은 예수님의 영에 이끌려 교회에 들어왔기 때문에, 율법은 그들에게 부차적인 중요성을 가집니다. 로마서 8장에서, 바오로는 유대계 그리스도인과 이방계 그리스도인들이 공유하는 공통점을 강조하며, 그리스도 안에서의 자유에 초점을 맞춤으로써 공동체를 하나로 모으려 노력하고 있습니다.

이것이 그리스도교의 중심 주제로, 교회 교리의 핵심에 해당합니다. 하지만 여기서 독특한 점은 바오로가 이 해방에 상당한 긴급성을 부여하고 있다는 것입니다. 바오로는 모든 창조물이 성령의 열매를 기다리며 신음하고 있고, 인류가 진정한 자기로 온전히 태어나는 것을 기다리고 있다고 말합니다.

성 바오로에 따르면, 로마 교회 구성원들의 다양한 배경은 우리 모두의 앞에 놓인 공동 운명에 비하면 사소한 것입니다. 따라서 모든 창조물이 봄이라는 열매를 맺기 위해 함께 협력하듯이, 교회 공동체도 성령이라는 열매를 맺기 위해 함께 노력해야 합니다. 모든 창조물이 첫 열매를 기쁘게 맞이하듯이, 우리도 서로의 축복에 기뻐해야 합니다.

자연은 매우 다양합니다. 우리는 지구상의 수많은 생물 종뿐만 아니라 물과 무생물 요소인 광물에서도 다양성을 발견할 수 있습니다. 씨앗을 발아시키고 성장할 수 있도록 영양소를 공급하는 것은 흙 속에 있는 무생물인 광물과 물입니다, 식물을 수분受粉시키는 벌들과 씨앗을 흩어 퍼뜨려 주는 바람과 야생동물도 있습니다. 이런 모든 것이 조화롭게 작용하여 생명을 탄생시킵니다. 그리고 이 가운데 단 하나의 요소만 붕괴해도, 자연 전체의 균형이 깨질 수 있습니다. 그 응답으로 우리는 지구가 고통으로 신음하는 소리를 듣고 있습니다.

과도한 농업으로 인한 토양침식, 산업 폐수로 인한 수질오염, 농약으로 인한 곤충의 죽음, 인간의 침입으로 인한 동물종種의 멸종, 또는 화석 연료 사용으로 인한 기후변화 등 인간이 자연의 균형을 교란할 때, 우리는 모두 고통을 겪습니다. 이런 손실을 치유하기 전에 인정하고 애도하는 것이 치유의 첫걸음입니다. 시간을 내어 자연을 바라보고 우리 행동의 결과를 오랫동안 깊이 사랑으로 돌아볼 시간을 만들 때, 그 첫 단계는 다른 창조물과 함께 탄식하며 신음하는 것입니다. 왜냐하면, 우리도 창조세계의 한 부분이기 때문입니다.

묵상: 생태적 의식 성찰 Examen

15세기 스페인의 신비주의자이며 예수회를 설립한 로욜라의 성 이냐시오 St. Ignatius of Loyola(1491~1556)는 매일 저녁 자기-반성을 위한 "의식 성찰(어떤 사실을 캐고 따져서 밝힘)"이라는 수련을 제안했습니다. 이것은 하루를 마치면서 자신에게 두 가지 질문을 던지는 것입니다. 즉 "오늘 내게 가장 크게 생명력을 준 것은 무엇인가?" 그리고 "오늘 가장 크게 내 생명력을 빼앗아간 것은 무엇인가?"라는 질문입니다. 이 수련을 바탕으로, 생태적인 의식을 더 깊이 반영하여 변형시켜 의식 성찰을 시도해 보기를 제안합니다. 며칠 동안, 이 질문과 함께 기도해 보고, 어떤 패턴이 나타나는지 주목해 보십시오.

자신의 중심을 잡고 내면으로 들어가십시오. 깊게 호흡하면서 당신 가슴의 고요함 속으로 들어가십시오.

상상 속에서 오늘 하루 또는 지난 24시간을 성찰하십시오. 매일 이런 기도를 하면서, 여러 날의 체험을 성찰할 수도 있습니다. 당신 체험에 대한 기억을 회상하면서, 다음과 같은 질문에 대해 성찰하십시오. 언제 창조의 아름다움을 가장 깊이 느꼈나요? 언제 당신 자신이 자연의 관찰자가 아닌 참여자라는 체험을 했나요? 언제 지구를 소중히 여기는 의식意識을 갖게 되었나요? 자연이 어느 곳에서 신성을 드러내는 성상으로 당신에게 나타났나요? 언제 당신 존재 안에서 푸르름의 충만함을 체험했나요?

떠오르는 체험에 주목하고, 그중 하나의 체험에 기도의 초점을 맞추십시오. 그 순간을 음미하고 숨을 깊이 들이마시면서, 그 체험이 확장될 수 있도록 당신 몸에 여유 공간을 만들어 주십시오. 그리고 몸에서 그 체험이 어떻게 느껴지는지 알아차리십시오. 그 체험에 대해 감사의 마음을 표현한 다음, 그 체험을 놓아주십시오.

다시 상상 속으로 돌아가, 지난 하루를 되새겨 보십시오. 언제 자연과 가장 단절되었음을 느꼈나요? 언제 주의가 가장 산만했나요? 언제 삶을 서둘러서 지나쳤나요? 언제 주위에 무관심했거나, 아무것도 의식하지 못했나요? 지구의 자원을 낭비하거나 착취하고 있다고 느낀 순간이 있었나요? 창조세계가 성상으로서 멀게 느껴진 순간이 있었나요? 당신 영혼이 메말라 있고 건조하다고 느낀 순간은 언제였나요?

다시 한번, 떠오르는 순간을 주목하십시오. 그중 하나의 체험을 기도의 초점으로 삼으십시오. 그 체험을 숨과 함께 깊이 들이마시면서, 그 체험이 당신 몸에서 어떻게 느껴지는지 인식하십시오. 저항하지 말고, 그 체험이 연민과 부드러움으로 당신 안에 머무를 수 있도록 여유 공간을 만들어 주십시오. 그 순간 자신을 용서할 수 있는지 살펴보십시오.

다시 한번 깊게 호흡하면서 그 체험을 내려놓으십시오.

다음 하루를 살아가기 위해, 당신을 지탱해 줄 가장 필요한 은총에 대해 잠시 성찰해 보십시오.

부드럽게 당신의 알아차림awareness을 다시 그 공간으로 가져오십시오.

일기를 쓰면서, 삶의 이런 순간을 기록하는 것은 매우 큰 도움이 될 수 있습니다. 그렇게 하면 시간이 지남에 따라 어떤 패턴을 발견할 수 있게 됩니다.

관상 산책: 슬픔의 동반자인 지구

내가 이스라엘에게 이슬이 되어 주리니,
이스라엘은 나리꽃처럼 피어나고, 레바논처럼 뿌리를 뻗으리라.
이스라엘의 싹들이 돋아나 그 아름다움은 올리브 나무 같고,
그 향기는 레바논의 향기 같으리라.

> 그들은 다시 내 그늘에서 살고, 다시 곡식 농사를 지으리라.
> 그들은 포도나무처럼 무성하고,
> 레바논의 포도주처럼 명성을 떨치리라.
>
> — 호세 14,6~8

일상적인 방식으로 관상 산책을 시작하십시오, 깊은 호흡을 하면서 자신의 중심을 잡고, 의식을 머리에서 심장으로 내려보내십시오. 이 시간 동안 최대한 온전히 현재에 집중하겠다는 의도를 세우고, 자연이 어떻게 당신에게 말을 걸고 싶어 하는지 들어 보십시오.

관상 산책을 하면서, 지구에게 당신 가슴 속 걱정을 맡겨 보십시오. 인간의 손에 의해 자연이 겪고 있는 일들에 대한 슬픔과 분노, 비애와 압도감을 느끼도록 허락하십시오. 눈물이 흐르도록 그냥 두십시오. 자연의 어떤 요소가 당신을 더 가까이 초대하는지 집중하십시오. 나무, 돌, 나뭇잎 또는 다른 요소일 수도 있습니다. 이들 자연의 한 부분이 당신이 느끼는 감정에 함께하도록 하십시오. 당신의 감정을 제물로 지구에 봉헌하고, 이 슬픔과 고통 속에 자신이 혼자가 아님을 느껴 보십시오.

이 산책에서 자연이 당신의 증인이 되도록 하십시오. 자연이라는 존재가 당신을 변화시킬 수 있습니다. 하지만 이런 변화를 찾으려 애쓰지 말고, 단순히 당신이 체험하는 모든 것을 보고 듣고 목격하는 증인으로 받아들이며, 경험하는 모든 것 속에 그냥 머물도록 허락하십시오. 그다음 이렇게 받아들여진 것에 대한 감사의 마음을 표현하십시오.

자연은 우리에게 위로를 제공하는 특별한 방법을 알고 있습니다. 어머니가 돌아가신 후, 저는 그런 체험을 했습니다. 그 가을과 겨울에, 일상적으로 나무 사이를 산책하는 것이 다른 어떤 것으로도 대체할 수 없는 방식으로 저를 지탱해 주었습니다. 앞의 호세아서 구절은 자연이 우리 가슴에 제공할 수 있는 여러 위로를 잘 보여줍니다. 이슬, 꽃, 새싹이 퍼지는 모습, 그리고 그 아름다움과 향기 등은 모두 하느님께서 자연의 요소들을 통해 당신의 마음을 우리에게 드러내신다는 것을 이야기합니다.

집에 돌아오면 일기를 쓰면서, 당신이 알아차린 것과 발견한 것에 대해 기록하는 시간을 가지십시오.

허브의 초대: 도유塗油용 장미 기름

장미는 제가 작업하는 허브 중에서 가장 좋아하는 허브입니다. 그 이유 중 하나는 힐데가르트가 가장 사랑한 허브였기 때문입니다. 식물의 특성에 관한 책에서, 힐데가르트는 장미를 가슴의 치유자로 묘사하며, 약제 속에 들어 있는 다른 모든 허브의 약효를 증강 또는 상승시키는 허브로 언급하곤 했습니다. 장미의 이런 특성 때문에,

힐데가르트는 거의 모든 레시피에 장미를 포함했습니다. 힐데가르트는 이렇게 썼습니다. "장미는 물약과 연고, 그리고 모든 약물에 추가하기에 좋다. 조금만 추가해도, 장미 덕분에 그 효능이 훨씬 더 좋아진다."○

장미는 훌륭한 향기를 가지고 있으며, 그 아름다움으로 종종 찬양받습니다. 저는 장미의 화려한 꽃잎과 가시를 모두 사랑하는데, 가시는 건강한 경계의 중요성을 일깨워 줍니다. 장미는 또한 성모 마리아와도 관련이 깊습니다. 많은 마리아 발현에 장미가 등장하는데, 예를 들면 과달루페의 성모 발현이 그렇습니다. 마리아의 여러 이름 중 하나는 '신비로운 장미'입니다.

장미를 활용하여 도유용 기름을 만드는 두 가지 방법을 제안합니다. 첫 번째 방법은 장미를 우려낸 기름을 만드는 것입니다. 이 경우 말린 유기농 장미꽃잎을 사용하는 것이 좋습니다. 만일 신선한 장미꽃잎을 구할 수 있다면, 말리지 않고 그냥 사용해도 좋습니다. 단 살충제 같은 농약이 뿌려지지 않았는지 확인한 후, 기름에 넣기 전에 장미꽃잎을 서늘하고 어두운 곳에서 24~48시간 동안 말린 다음 사용하십시오.

허브를 우려낸 기름herb-infused oils은 방향유芳香油, essential oil이 다

○ St. Hildegard of Bingen, *Hildegard von Bingen's Physica: The Complete English Translation of Her Classic Work on Health and Healing* (Rochester, VT: Inner Traditions/Bear & Company, 1998), 21.

르다는 점에 유의하십시오. 방향유를 만들기 위해서는 훨씬 더 많은 식물 재료와 더 정교한 기술이 필요합니다. 반면, 허브를 우려낸 기름은 만드는 방법도 간단하고, 방향유보다 훨씬 부드러운 향을 가지고 있으며, 약리적 특성이 있습니다.

첫 번째 방법으로 도유용 기름을 만들기 위해, 먼저 자신의 중심으로 들어가 허브와 동료 식물들과 함께하는 이 성스러운 작업의 시간을 축복해 주시기를 기도하십시오. 자신에게 도유할 기름을 만들 것이므로, 나중에 그 기름을 어디에 바를지 원하는 그 특성으로 이 작업의 시간을 축복하십시오. 장미꽃잎과 그 향기, 그리고 질감과 함께 시간을 보내십시오.

작고 깨끗한 유리병을 하나 준비하고, 병의 4분의 3 정도를 말린 장미꽃잎으로 채우십시오. 원한다면 먼저 꽃잎을 손가락으로 부드럽게 으깨거나 (손이 깨끗한지 확인하십시오), 막자사발이나 절구를 사용할 수도 있습니다.

병의 목 상단부까지 선택한 캐리어 오일carrier oil●로 채우십시오. 엑스트라 버진 올리브 오일, 스위트 아몬드 오일, 호호바 오일 등

● 캐리어 오일(carrier oil)은 아로마테라피에서 방향유와 앱솔루트(향료)를 희석하는 데 사용하는 기름이다. 방향유를 안전한 농도로 피부에 전달하기 때문에 캐리어 오일이라고 부른다. 방향유는 대부분 휘발성이 있어서, 사용하자마자 향이 소멸하기 시작한다. 캐리어 오일은 가능한 한 자연적이고 순수한 것을 사용하는 편이 좋다.

피부에 적합한 오일을 사용할 수 있습니다.

병에 뚜껑을 덮고 흔들어 기름이 골고루 허브에 분산되도록 하십시오. 사용한 재료의 이름과 조제 날짜를 적은 라벨을 병에 붙이십시오. 그다음 그 병을 서늘하고 어두운 곳, 예를 들어 찬장에 넣어 두고 매일 몇 번씩 흔들어 주십시오. 병을 흔들 때마다 당신의 창작품에 축복 기도를 드리면서, 현재 당신의 삶이 어떻게 펼쳐지고 있는지 깊이 숙고해 보십시오.

4주 후 또는 한 달이라는 보름달 주기가 지난 다음, 깨끗한 그릇에 기름을 걸러 주십시오. 무명으로 된 치즈 천이나 모슬린(옥양목)을 사용해 기름을 걸러 낸 다음, 장미 꽃잎에 남은 여분의 기름을 짜내십시오.

걸러낸 액체가 완성된 장미 기름입니다. 장미 기름의 향은 은은할 가능성이 큽니다. 더 추가하고 싶은 향이 있다면, 그때 방향유를 추가할 수 있습니다.

도유용 기름을 만드는 더 빠른 두 번째 방법은 단순하게 장미 방향유(보통 순수한 장미 기름은 매우 비싸므로, 로즈 앱솔루트 또는 로즈 오토라고 불리는 희석 형태로 제공되는)를 피부에 좋은 캐리어 오일에 추가하는 것입니다. 장미 기름 몇 방울을 캐리어 오일에 추가하면서, 기도와 축복을 드린 다음 잘 흔들어 혼합하십시오. 이렇게 하면, 장미의 선물을 받을 수 있습니다.

당신을 위해 시간을 내어 기름 바르는 시간을 가지십시오. 기름을 바르는 것도 충분히 일상 수행이 될 수 있습니다. 지금 당장 필요로 하는 삶의 어떤 영역에서든 치유를 요청하십시오. 장미는 특히 심장에 효과적이므로, 장미 기름으로 당신 심장을 축복하는 것을 시도해 보십시오. 장미는 우리가 지구에 대한 슬픔을 느끼는 그 자리에 함께하며, 그 슬픔을 감싸면서 우리를 지탱해 주고, 그 슬픔의 장소에서 우리 자신을 만날 수 있도록 도와줄 수 있습니다. 이런 물리적 대상을 통해, 성령이 더 큰 치유와 활력을 위해 활동하시도록 요청할 수 있습니다.

당신이 의도하는 목적으로 기름을 축복하십시오. 당신의 이마와 입술, 목과 손, 또는 특별한 관심이 필요한 신체의 여러 부위에 표식을 남기며 기름을 바를 수 있습니다. 기름을 바르면서, 각 부위에 축복의 기도를 하십시오. 기름을 바르는 것은 오래된 전통으로서, 세례식이나 병자성사에서 여전히 행해지고 있습니다.

시각 예술 체험: 돌 위에 글쓰기 또는 그림 그리기

이번 주에는 관상 산책을 하면서, 돌이 당신을 찾도록 해 보십시오. 이것은 완벽한 돌을 찾기 위해 밖으로 나가는 것과는 다릅니다. 그 대신, 돌이 당신을 발견하도록 당신의 눈과 마음을 열어 두십시오. 돌의 선물을 받을 수 있도록 준비하십시오. (상황에 따라 한 개 이상의 돌일 수도 있습니다.) 또는 집에 특별한 돌이 있다면, 그 돌과 함께 작업을 해 보는 것도 좋습니다.

특별한 돌을 가지고 집에 돌아오면, 그 돌에 단어나 문구를 적어 기념하거나 묵상을 위해 늘 몸에 지니는 도구로 활용하는 것도 고려해 보십시오. 이 작업에는 샤프 펜이 적합하지만, 어떤 마커든 사용할 수 있습니다. 매일 자연을 거룩한 성상으로 인식하도록 자신에게 상기시킬 방법이 있나요? 매일 지구의 치유를 위한 기도를 드릴 수 있나요? 시각적으로 무언가를 상기시켜 주는 역할을 할 수 있는 곳에 그 돌을 놓아두는 것은 어떨까요?

쓰기 체험: 비탄의 기도

당신의 슬픔을 체험할 수 있는 공간을 만드십시오. 매주 한 시간 정도 시간을 마련하여, 지구의 고통과 고난에 자신을 맡길 수 있는 시간을 가지십시오.

처음에는 어색하게 느껴질 수도 있지만, 제한된 시간에 충분히 감정을 표현할 수 있는 안전한 공간을 만들어 둡니다. 우리는 때때로 슬픔을 완전히 받아들이지 못하는데, 그 이유는 슬픔에서 빠져나오지 못할 것이라는 두려움 때문입니다. 하지만 고통이 우리를 통과하도록 허용하면, 고통이 스스로 일어났다가 가라앉는 고유의 리듬을 가지고 있음을 알게 됩니다.

움직임은 슬픔에 접근하는 좋은 방법입니다. 슬픔의 느낌이 담긴 느린 음악을 재생하고, 당신 몸이 원하는 대로 움직이십시오. 우리는 근육과 조직 안에 너무나 많은 슬픔을 저장하고 있어서, 약간의 부드러운 움직임만으로도 억제되었던 눈물을 터뜨릴 수 있습니다.

당신 슬픔에 이름을 붙이고 처리하는 데 글쓰기가 도움이 된다면, 비탄의 일기를 써 보는 연습을 하는 것도 좋은 방법입니다. 이때 비탄의 시편 구조를 따라 작성할 수 있습니다.

- **하느님께 호소하기**: 당신은 신적 존재인 하느님을 어떻게 부르나요?
- **불평하기**: 당신의 슬픔과 고통의 울부짖음은 무엇인가요?
- **신뢰의 확언**: 예전에 하느님이 당신 고통 속에서 함께하신 체험이 있나요? 그 기억을 떠올리며, 하느님이 슬픔의 동반자라는 감정을 느껴 보십시오.
- **청원**: 하느님께 원하는 가장 깊은 소망은 무엇인가요? 지구를 위해 당신이 원하는 것은 무엇인가요?
- **들으셨음을 확신하기**: 하느님께서 당신의 고통과 슬픔을 보고 들으셨다는 것을 느끼기 위해 무엇이 필요한가요?
- **찬양의 서약**: 당신의 갈망 대신 하느님께 무엇을 약속하거나 드릴 수 있을까요?

- **찬송이나 축복:** 감사하거나 경이롭거나 기쁨을 표현할 수 있는 그 무엇이 있나요?

이전 참가자들의 시

비탄

오, 위대하고, 항상 함께하시는 근원이시여,
모든 존재와 생명의 근간이시여,
지구를 무자비하게 파괴하는 무분별한 분노가
언제 멈출 수 있을까요?
무고한 이들이 소수의 잔혹함과 무지로 인해
언제까지 고통받아야 할까요?
우리의 생명과 공동체, 그리고 문명의 파괴를
언제까지 슬퍼해야 할까요?
상실의 암울함 속에서도,
새소리와 밝은 열매를 통해 저는 당신을 알아요.
의심하면서도 당신에 대해 질문하면서도,
어쨌든 저는 당신을 신뢰해요.

오, 우리 마음이 사랑으로 열리기를 얼마나 갈망하는지요.

온유함과 용서와 자비가 모든 날과 우리 서로를 축복하기를,

당신은 파괴된 삶 속에서도 돌보는 이들의 자비 속에 계시네요.

제 얼굴을 어루만지는 바람과 비, 햇살 속에서

저는 당신을 느껴요.

오, 우리가 희망이 되게 하소서.

세상을 위한 주님의 빛을 전하는 사람이 되게 하소서.

우리가 함께하는 모든 일 속에서,

일상에서 만나는 모든 사람과 나누게 하소서.

당신 치유의 손길을 전하게 하소서.

소속감을 느끼는 따뜻한 모임을 우리가 만들어 나가게 하소서.

우리의 날들 속에서 주님 당신의 평화가 춤추게 하소서.

우리가 기쁨으로 주님을 찬양하며 노래하기를.

오, 위대하고 항상 함께하시는 근원이시여

모든 존재와 생명의 근간이시여, 당신께 감사드려요!

— 펄리시티 콜린스(Felicity Collins)

아! 야훼여, 모든 존재의 창조주여,

우리 숨결의 바로 그 숨결이여,

매일매일의 이 고통을 우리가 어떻게 견뎌 낼 수 있을까요?

고의로 길을 잃은 당신 자녀들이
가질 수 있는 것은 무엇이든 움켜잡으려 노력하면서
자신만의 규칙을 몇 번이고 쓰고, 또 쓰고, 반복해서 씁니다!

영토를 차지하기 위해, 무자비하게 폭력을 행사하며
성명을 발표하고, 다른 시각을 가진 사람들을 처벌합니다.
그들은 무고한 사람들을 죽입니다.
그들은 무고한 동물들을 죽입니다.
그들은 무고한 식물들을 죽입니다.
그들은 그들이 소유하고자 하는,
소유하고 싶어 하는 바로 그 땅마저 망가뜨립니다.
그리고 우리, 당신의 충실한 자녀로 자처하는 우리
우리는 그것을 멈추려 하지 않습니다.
우리는 목소리조차 내려 하지 않습니다.
우리는 우리 공모를 보려 하지도 않습니다,

당신이 십자가에서 인간의 고통을 느끼셨다는 것을 저는 압니다.
당신이 우리와 함께 우리 안에서 고통받고 있다는 것을
저는 압니다.

지구, 최초의 성상(聖像)

모든 공포 속에서 우리와 함께 계시는 당신 존재를 저는 압니다.
제 슬픔의 깊은 곳에서 사랑하는 사람의 고통을
덜어 줄 수 없었던 그때,
당신은 저를 당신 손으로 안아 주셨습니다.
이제 그 손으로 이 세계를 안아 주십시오.
우리 마음을 치유로 열어 주시고,
당신이 사랑하는 우리 세계를 치유하는 길을
우리에게 보여 주소서.

당신은 사랑이시고, 사랑받는 분이시고, 사랑하시는 분이십니다.
당신은 우리가 치유되기 위해 필요한 모든 것입니다.

— 샤론 핸디(Sharon Handy)

오, 생명이라는 모든 존재의 근원이시여,
지구 공동체의 많은 구성원,
즉, 새와 물고기, 네발 달린 동물과 인간 등이 (…)
서식지를 잃고, 지속 가능한 자기 집을 찾아 방황하며
멸종을 두려워하는 지구 구성원들을 위해 당신은
눈물을 흘리십니다.

주님은 모든 것에 생명을 불어넣으시고,

각 존재 안에 항상 함께 계시며, 그들과 나와 함께 슬퍼하십시오.

지구 고통을 초래한 것에 대한 저의 공모를 용서해 주십시오.
우리가 모두 사랑하는 지구를 치유하기 위해 일할 방법을
함께 찾을 수 있도록 도와주소서.

— 낸시 오뎃(Nancy Audette)

마무리 축복 기도

5장에서는 지구를 원초적인 성상으로 간주했습니다. 잠시 멈춰서, 창조세계의 존재가 주는 아름다움을 깊이 숨 쉬어 보십시오. 깊은 바닷속으로 완전히 잠수해 들어가거나, 숲속의 이끼가 가득한 땅이나 산중의 따뜻한 바위 위에 잠시 누워서 쉴 수 있는 자연 속 장소를 상상해 보십시오. 이 순간에 어떤 장소가 당신에게 성상으로 떠오르는지 주목하고, 그곳에서 완전히 집으로 돌아온 듯한 상상을 하며 편안히 쉬어 보십시오. 슬퍼하거나 비탄에 빠질 수 있는 공간을 자신에게 허락하십시오. 자연이 그 공간에서 당신을 만나고 위로하고, 앞으로 나아갈 방법을 영감으로 줄 것이라 아는 것은 아주 중요합니다.

복되도다!
보이지 않게 땅속에서 일하는 개미와 지렁이들에게
축복이 있기를!
우리 토양을 축복하는 그들에게 축복이 있기를!

복되도다!
개구리와 수생 생물들에게 축복이 있기를!
올챙이, 두꺼비, 도롱뇽과 물방개 등에게 축복이 있기를!

복되도다!
우리가 잡초라고 부르는 식물들에게 축복이 있기를!
우리 인간의 필요에 맞지 않더라도 그들은 소중합니다.

복되도다!
우리가 쓸모없다고 여기는
생쥐와 쥐와 다람쥐 같은 동물에게 축복이 있기를!

복되도다!
단지 까악까악 울기만 하는 새들에게도 축복이 있기를!
까마귀, 떼까마귀, 까치와 갈까마귀 등
노래하는 새들에게 축복이 있기를!

(말벌과 물고 쏘는 곤충들, 종종 그들을 복된 존재라고 부르곤 하죠.)

갯지렁이도 축복하고 용서하기를.

갯지렁이도 하늘 아래에서 자신만의 자리와 목적이 있을 테니…

— 앨릭스 브라운(Alix Brown)

6

지구,
최초의 성사

언젠가 한번 내 친구 늙은 다람쥐와
'성사'에 관해 이야기를 나누었어요.

그 친구는 매우 흥분해서,
자기가 사는 나무 구멍으로 달려갔다가 다시 돌아왔어요
도토리 몇 개와 올빼미 깃털 그리고
그가 발견해서 간직하고 있던 리본을 가지고 다시 돌아왔어요.

나는 그저 미소 지으며 말했지요,
"그래 사랑하는 친구, 너는 성사를 제대로 이해했구나.
그 모든 것이 하느님의 은총을 전해 준단다."

– 아시시의 성 프란치스코, 〈성사 The Sacraments〉°

° Quoted in Daniel Ladinsky, trans., *Love Poems from God: Twelve Sacred Voices from the East and the West* (New York: Penguin Books, 2002), 53.

성사의 고전적인 정의 중 하나는 '내적이고 보이지 않는 은총(하느님의 현존)을 외적으로 볼 수 있게 하는 표징'입니다. 그리스도교 교회에는 성사로 간주하는 다양한 의례儀禮가 있습니다. 가톨릭교회에는 일곱 가지 성사Sacraments●가 있지만, 다른 그리스도교 교파는 그보다 더 적은 수의 성사만을 인정합니다. 하지만 성사성聖事性, sacramentality●●이라는 개념은 세례성사, 혼인성사, 성체성사, 병자성

● 가톨릭교회는 성사를 매우 중히 여긴다. 성사를 통해야만 구원도 은총도 받을 수 있다고 본다. 7성사는 세례성사, 견진성사, 성체성사, 고해성사, 혼인성사, 성품성사와 병자성사이다. 교회의 이름으로 성사 예식이 거행되면, 거룩한 상징과 집전자를 통해 그리스도께서 말씀하시고 활동하시며, 그것이 곧 하느님의 말씀이며 활동이다. 이런 성사 집전을 통해서 구원과 은총이 주어진다.

●● 성사성은 보이는 그 무엇 안에 보이지 않는 신적 은총이 깃들어 있다는 사실을 뜻한다. 즉 성사성이란 은총이 창조세계에 드러나는 원칙과 성질이라 할 수 있다. 우리 세계의 모든 것이 성사성을 지녔다. 즉 모든 것 속에는 보이지 않는 하느님의 현존이 스며 있고, 모든 것 안에서 하느님을 보는 것이 가능하다. 성사성이 있기에 온 우주 안에서 하느님을 볼 수 있고, 또 그래야 한다. 가톨릭교

사와 같은 공식적인 성사를 넘어서 더욱더 확장됩니다. 성사성이라는 감각은 육화에 뿌리를 두고 있으며, 우리의 시각을 세계로 확장해 모든 것을 성사일 수 있도록 만듭니다. 이는 모든 사람과 창조물, 식물과 사물이 세계 내 신적 존재를 만날 기회가 될 수 있음을 의미합니다. 성사성은 창조물의 내면에 존재하는 특성으로, 모든 것에서 성스러운 존재를 인식할 수 있도록 우리를 열어 줍니다. 성사는 은총을 드러냅니다.

이렇게 확장된 시각으로 볼 때, 우리가 자연 세계와의 친밀함을 더 많이 기르면 기를수록 신적 현존을 더 많이 발견하게 된다는 것을 알게 됩니다. 자연과의 모든 상호 작용은 성사적일 수 있습니다. 자연이 우리에게 자신을 드러내는 모든 방식 또한 성사적입니다. 성사성은 우리를 둘러싼 세계의 그 표면적인 집착을 뚫고 들어가서, 성스러움이라는 깊이로 우리를 인도합니다. 성사성은 창조적으로 용솟음치는 듯한 하느님의 사랑을 더욱더 확장하여 그 너그러운 사랑을 자발적으로 일깨우도록 만들고, 경계를 넘어서는 사랑으로 우리를 부릅니다. 시리아의 성 이사악 St. Isaac the Syrian (613~700)은 자비로운 가슴을 "창조물 전체, 즉 [인간,] 새, 짐승, 악마 등 모든 창조물에 대한 사랑으로 타오르는 가슴"°이라고 정의했

° 회는 성사성을 받아들이는데, 은총(하느님의 현존)이 개별 인간 안으로 들어와 그의 삶과 본성을 실제로 변화시킨다는 것을 믿는다.

습니다

모든 창조물, 창조된 모든 것이 신적인 본성을 계시하는 창이 될 수 있다는 이런 발견은 세계에 대한 사랑에 더 깊이 빠지라는 초대입니다. 어디에나 은총의 스승이 존재한다고 바라보는 것은 우리가 세상을 살아가는 방식에 경외심을 불러일으킵니다. 자연을 성사로 인식할 때, 우리는 더 이상 자연을 대상으로 삼을 수 없습니다. 그 대신 우리는 이런 비전을 키우는 영양을 공급하여 풍요롭게 만드는 환경을 조성할 수 있습니다.

4세기 신비주의자인 성 바실리우스(St. Basil, 330~378)가 쓴 것으로 알려진 다음과 같은 기도가 있습니다.

> 우리 내면에 모든 생명체와의 친교 감각을 확장하도록 도와주소서.
> 우리의 형제인 동물들과 함께,
> 공동의 집 지구를 우리에게 주신 당신께 감사드립니다.
> 그들과 함께 살아가는 삶의 소중함을 깨닫게 하시고,
> 모든 존재가 한 가족임을 느끼게 하소서.○○

성사적 비전은 세계에 내재하시는 하느님에 대한 사랑 안에서

○   Quoted in Andrew Linzey, *Animal Rites* (London: SCM Press, 1999), 3.
○○ Quoted in Linzey, *Animal Rites*, 2.

우리가 성장할 뿐만 아니라, 창조물과의 친족 관계라는 감각도 함께 성장한다는 것을 의미합니다.

거룩한 무관심

모든 창조물의 성사성에 대한 이런 감각이 내재하시는 하느님을 우리에게 드러냅니다. 즉 우리 세계에 깊이 관여하시며 창조세계를 통해 신성한 사랑을 표현하시는 하느님을 드러냅니다. 하지만 하느님은 초월적 차원도 지니고 계시며, 우리는 그 안에서 하느님의 완전한 타자성他者性을 인식합니다. 자연이라는 성사는 우리에게 신성의 이런 측면을 드러낼 수 있습니다.

숲속에서든 바닷가에서든 또는 산등성이를 오르든 간에, 이런 자연 속에서 자신만의 시간을 보낼 때, 제가 상쾌하게 느끼는 것 중 하나는 자연의 거룩한 무관심입니다. 수백 년 된 나무들 사이에 있거나 수백만 년 된 바위 옆을 지나거나 원시적인 바다를 바라보면서 바닷길을 따라 걷다 보면, 자신의 문제는 점점 더 작아지고 덜 중요하게 느껴집니다. 숨을 더 깊게 쉴 수 있고, 좁은 세계관에서 벗어난 자유로움을 경험하게 됩니다. 하느님의 지평이 저의 한정된 지식과 상상을 넘어선다는 것을 깨닫게 되고, 광대하게 넓으신 하느님을 기억하게 됩니다.

영국의 종교학자 앤드루 하비Andrew Harvey(1952~)는 이렇게 썼습니다. "우리에게 무관심한 것들이 결국 우리를 구원한다. 그런 존재들이 우리 안에 침묵을 깨우고, 무관심이라는 순수함으로 우리의 용기를 새롭게 한다."° 저는 이 말을 통해 나무들을 거룩한 존재라는 또 다른 차원으로 상상하는 것을 좋아합니다. 나무들은 그들의 무관심과 평온함과 존재감을 통해, 지금이라는 이 순간이 중요하다는 것을 제게 상기시켜 줍니다. 성사의 또 한 측면은 신성이라는 경탄할 만함awesomeness과 초월성을 체험하도록 하는 것입니다. 우리는 삶과 걱정에 대한 새로운 관점을 갖게 됩니다.

성자와 까마귀

까마귀를 만난 성인 이야기는 상당히 많습니다. 성 베네딕토는 종종 그의 성상에서 까마귀와 함께 묘사됩니다. 전해지는 이야기에 따르면, 몇몇 동료 수도자가 베네딕토가 먹는 빵에 독을 넣어 그를 독살하려 했다고 합니다. 어느 날 까마귀가 베네딕토가 먹으려던 독이 들어 있는 빵을 그의 손에서 빼앗아감으로써, 베네딕토이

°   Andrew Harvey, *A Journey in Ladakh: Encounters with Buddhism* (Boston: Mariner Books, 2000), 93. (앤드류 하비 지음, 연호택 옮김, 《라다크에서 찾은 부처》, 여시아문, 2001)

생명을 구했다는 이야기가 전해집니다.

이집트의 성 안토니오(251~356)와 테베의 성 바오로(228~341)는 사막에서 은둔 생활을 하면서 영혼의 친구가 되었습니다. 전해지는 이야기에 따르면, 까마귀가 매일 바오로에게 빵 반 덩어리를 가져다주었지만, 친구인 안토니오가 방문할 때는 한 덩어리를 통째로 가져다주었다고 합니다.

엘리야도 까마귀에게 음식을 받아먹었다고 전해집니다. 하느님은 엘리야에게 빵과 고기를 가져다주라고 까마귀에게 명령하십니다. "까마귀들이 엘리야에게 아침에도 빵과 고기를 날라 왔고, 저녁에도 빵과 고기를 날라 왔다."(1열왕 17, 6 참조)

성 쿠트베르트 St. Cuthbert(634~687)가 수도원의 수도자 침대에서 짚을 훔쳐 가는 까마귀들을 꾸짖어 쫓아냈다는 이야기도 전해집니다. 까마귀들은 나중에 뉘우치고 돌아와 머리를 숙이면서 사죄의 의미로 라드(돼지기름) 덩어리를 가져다주었다고 합니다.

까마귀는 우리가 탐구한 다른 동물들과 마찬가지로 은총의 행위자가 되며, 하느님의 존재를 나타내는 성사적 표징이 됩니다.

엑스터시와 일치 수행

엑스터시 - 자신의 밖에 서는 것,

> 자신을 초월하여 더 큰 실체로 끌려가는 것.
>
> – 더글러스 크리스티, 《마음의 푸른 사파이어》

엑스터시는 불법 약물에 취하거나 그리스도교 전통에서 감정이나 황홀경에 취해 자기를 통제할 수 없게 된 사람이라는 이상한 이미지를 떠올리게 할 수 있습니다. 사실 많은 그리스도교 신비주의자가 종종 엑스터시를 경험했으며, 그런 황홀경 체험은 인간의 자연적인 권리입니다. 황홀경은 통제할 수 없는 체험이기 때문에, 많은 종교기관에서 그런 황홀경 체험을 배척했다고 생각합니다. 엑스터시의 본질은 자기 통제력을 잃고, 자기라는 경계를 넘어 창조물과 하느님 또는 다른 인간 존재와의 일체감을 경험하는 것입니다.

당신의 엑스터시 체험에 대해 잠시 성찰해 보십시오. 아마도 그 엑스터시는 당신이 소나무 숲속에 서 있을 때 또는 산 정상에 있을 때 체험했을 수도 있고, 달콤한 휴식 속에서 사랑하는 사람을 안고 있는 순간에 체험했을 수도 있습니다. 또는 아기(자신의 아기나 손주, 또는 다른 사람의 아이)를 바라보며 엑스터시를 맛본 순간, 당신은 갑자기 그 아기와 분리된 존재가 아니라 연결되어 있음을 깨달았을 수도 있습니다. 아니면 절묘한 자유로움을 느끼며 몸을 맡기고 춤을 추는 과정에서 잠시 자아의식이 사라지고, 창조물 그 자체로서 춤추고 있다는 것을 깨달을 수도 있습니다. 또는 황홀한 순간에 대한 기억은 전혀 없고, 이런 체험에서 자신을 억제해 온 방식에 대한 슬픔이 솟구쳐 올라올 수도 있습니다. 당신 체험이 무엇이든 그것을 존중하고, 자신에게 연민과 호기심을 가져 보십시오.

신비주의 전통에서는 명확하게 엑스터시 상태, 즉 인간이 신성과의 합일에 휘말려 들어가는 이런 상태를 매우 바람직하다고 설명하고 있습니다. 융 심리학파의 분석가이자 작가인 로버트 A. 존슨Robert A. Johnson(1921~2018)은 엑스터시에 관한 책을 저술했는데, 그는 엑스터시를 기쁨의 심리학이라고 묘사했습니다. 엑스터시라는 단어는 기쁨과 환희의 동의어가 되었지만, 우리는 그 기쁨을 억제하려는 경우가 더 많습니다. 기쁨은 때때로 슬픔이나 분노만큼이나 온전하게 경험하기 어려운 감정일 수도 있습니다. 왜냐하면, 자아를 넘어서는 듯한 느낌, 어느 정도 통제력을 잃는 듯한 느낌, 그리고 우리가 저항하는 기쁨에 자신을 맡기는 것과 관련이 있기 때문입니다. 우리는 때때로 이런 자유로운 기쁨을 누릴 자격이 없다고 믿거나, 일이 잘 풀릴 때에도 다음번에는 무엇인가 무너질 것이라는 의심을 하면서, 순간의 기쁨을 체험하기보다는 다른 무엇인가를 기다리는 경향이 있습니다.

엑스터시와 창조세계와의 합일을 체험하는 데 자신을 맡기는 시간을 허락하십시오. 자신의 경계를 부드럽게 하고, 자연 세계의 일부분으로 자신을 바라보십시오. 자연이 그 자체의 방식으로 엑스터시를 만끽하는 모습을 관찰하십시오. 예를 들면, 자유롭게 뛰놀고 있는 유기견이나 바람에 흔들리는 나무들을 통해 자연의 기쁨을 느낄 수 있습니다.

존 발터스 페인트너의 성경 묵상

하느님의 우주적인 영광을 찬미합시다(시편 148, 7~12)

주님을 찬미하여라, 땅으로부터.
깊은 모든 바다의 창조물과 용들아,
불이며 우박, 눈이며 안개, 그분 말씀을 수행하는 거센 바람아!
산들과 모든 언덕, 과일나무와 모든 향백나무야!
들짐승과 모든 집짐승, 길짐승과 날짐승들아!
세상 임금들과 모든 민족, 고관들과 세상의 모든 판관이여!
총각과 처녀들도, 노인과 아이들도 함께!

— 시편 148, 7~12

전통적으로, 많은 시편의 저자는 다윗 왕으로 알려져 있습니다. 하지만 언어학적 분석과 시편 내용을 면밀하게 검토한 결과, 첫 구절에 '다윗의 시편'이라고 명시된 일부 시편조차도 다윗에 의해 직접 작성된 것이 아닐 수도 있다고 합니다. 일부는 다윗이 의뢰했을 수도 있으며, 전통적으로 새로운 장르의 전례와 성스러운 텍스트에 영감을 주었을 가능성도 있습니다.

이것은 이론적으로는 흥미로운 논쟁이지만, 우리 목적에는 그다지 중요하지 않습니다. 그 이유는 시편이 보편적인 경험을 이야기하기 때문입니다. 기도하면서 말문이 막힐 때, 시편은 우리를 대신해 말해 줄 수 있습니다. 시편은 우리가 이미 알고 있지만, 명료하게 표현하기 어려운 진리를 노래합니다.

때때로 다른 누군가가 책임을 지고 길을 이끌고 있다는 사실을 아는 것에서 오는 편안함이 있습니다. 모든 것의 연결성이나, 모든 창조물과 느끼는 일체감을 표현할 단어를 굳이 스스로 찾아야 할 필요는 없습니다. 그 모든 것이 시편과 성인들에 의해 이미 표현되었고, 재능 있는 많은 작가가 지금도 계속해서 표현하고 있습니다.

시편 148편은 특히 제가 감사하는 기도문 중 하나입니다. 저는 훈련받은 교사이고 신학자이지만, 그래도 다른 사람에게 기도를 하라고 하거나, 전례 의식을 이끄는 일을 그다지 좋아하지는 않습니다. 그래서 이렇게 아름다운 시편이 저의 영적인 공백을 채우는 데 큰 도움이 됩니다.

시편 148편은 인간뿐만 아니라 모든 창조물(심지어 '바다 괴물'조차도)이 하느님 창조의 일부라는 사실을 상기시킵니다. 무섭게 쏟아지는 비와 매서운 추위조차도 신의 손길이 닿은 신성한 작품 중

하나입니다. 이 시편은 저를 땅에 발붙이게 하고, 세상과 올바른 관계를 맺게 해 줍니다.

시편 148편의 저자처럼, 많은 예언자가 하느님의 백성에게 그들이 지은 죄를 지적할 때, 타자他者에게 증인이 되어 달라고 요청했습니다. 몇몇 예언자는 다른 민족들에게 요청했고, 또 어떤 예언자는 동물들을 불렀으며, 또 다른 예언자는 하늘과 땅 그 자체에게 증인이 되어 줄 것을 요청했습니다.

일반적으로 우리는 성사를 생각할 때, 인간의 전례와 의례를 떠올립니다. 다행히도 숲을 대성전으로 보거나, 새의 노래를 성가로 생각하는 사람들의 움직임이 점차 더 커지고 있습니다. 하지만 이것은 전혀 새로운 것이 아닙니다. 성경과 초기 수도원 문헌에는 이런 은유가 가득합니다. 진정한 요점은, 즉 여전히 저를 놀라게 하는 것은 이런 '은유'가 단순한 비유나 은유가 아니라는 깨달음입니다. 이런 '은유'는 모든 창조물을 이해하는 올바른 원래의 방법입니다.

인간이 자신들의 행위로 성사적 특성을 영적으로 표현하기 이전에, 이미 창조세계가 있었습니다. 우리의 기도와 전례, 그리고 신학적 이해를 인식시키고 표현하려는 모든 시도는 자연을 통해 드러나시는 하느님을 관찰하고 감상하는 데서 시작됩니다. 따라서 자연은 하느님의 존재를 반영하는 원초적인 성사라고 표현할 수 있습니다.●

자연을 원초적인 성사로 보려는 것은 제도 교회나 제도 교회의 공식적인 성사, 심지어 기계적으로 암송만 반복하는 기도를 무시하려는 의미가 아닙니다. 시편의 지속적인 보편성은 현대 영성에서도 시편의 유용성을 증명합니다. 우리가 말할 수 없을 때, 시편은 우리에게 말씀을 제공합니다. 하지만 우리가 절대 잊지 말아야 할 것은 시편 같은 인간이 만든 이런 창조물이 자연의 계시적 역할을 초월하거나 대체했다고 생각해서는 안 된다는 것입니다. 자연은 여전히 성사이며, 우리를 신성과 연결하는 매개체導管입니다.

묵상: 헤이즐넛 관상하기

14세기 영국의 은수자隱修者인 노리치의 성 율리아나 St. Julian of

- 가톨릭교회의 성사는 좁은 의미로 우리 삶의 여정, 통과 의례의 시기마다 함께 하시는 하느님의 축복을 기억하고 감사드리기 위한 대표적인 예식인 칠성사를 가리킨다. 하지만 넓은 의미로는 하느님의 은총을 경험하는 모든 순간, 하느님을 경험하게 하는 모든 사건과 형상도 성사라 할 수 있다. 즉 우리 삶도 성사이고, 우리 몸도 성사이다. 자연뿐만 아니라 계절 또한 성사라 할 수 있다. 즉 성사성을 보여 주는 창조세계의 모든 것을 성사라 할 수 있다. 이것이 살아 있는 모든 것, 살아가는 모든 순간을 귀하게 여겨야 하는 까닭이다. 그리스도교 성사의 원형, 즉 '근원적인 성사'는 예수 그리스도이며, 칠성사는 그 근원적 성사성으로, 즉 그리스도의 삶과 죽음의 의미를 더 선명하게 드러내면서 우리를 그리스도와의 만남으로 더 가깝게 초대한다. 하지만 가톨릭교회는 자연을 존중하고, 인간 외 생명 존중은 좋지만, 자연이 칠성사를 대체할 수는 없다고 본다.

Norwich(1342~1416)는 '신적인 사랑의 계시Showings of Divine Love'라고 불리는 일련의 비전을 체험했습니다. 이런 비전들 중 하나에서 율리아나는 헤이즐넛을 면밀하게 관찰한 다음, 이렇게 말했습니다.

그리고 그분은 내게 작은 것을 보여 주셨다. 그것을 내 손바닥 위에 놓았는데, 헤이즐넛만큼 작았다. 나는 그것이 어떤 공처럼 둥글다는 것을 알았다. 그것을 바라보며 '이것이 무엇일까?'라고 생각했다. 그러자 이런 일반적인 대답이 들려왔다. '그것은 만들어진 모든 것이다.' 나는 그것이 지속될 수 있다는 사실에 놀랐다. 왜냐하면, 그것은 너무 작아서 갑자기 아무것도 아닌 것이 될 수도 있다고 생각했기 때문이다. 그러자 나의 이해 속에서 이런 응답이 들렸다. '그것은 지속될 것이고, 항상 그럴 것이다. 왜냐하면, 하느님께서 그것을 사랑하시기 때문이다. 모든 것은 하느님의 사랑을 통해 존재한다.'◦

율리아나는 묵상을 통해 헤이즐넛에서 세 가지 측면을 보았습니다. 첫째, 하느님께서 그것을 창조하셨고, 둘째, 하느님께서 그것을

◦ St. Julian of Norwich, *Julian of Norwich: Showings*, translated by Edmund College and James Walsh, Classics of Western Spirituality (New York: Paulist Press, 1978), 130. [노르위치의 줄리안 지음, 전경미·김재현 옮김, 《계시》, KIATS(키아츠), 2019]

사랑하셨으며, 셋째, 하느님께서 그것을 보존하신다는 것이었습니다. 이 가르침은 율리아나에게 대우주와 소우주로서 창조물과 인류를 보여 주었습니다. 하느님께서 사랑으로 모든 자연을 창조하시고 지속하시는 것처럼, 우리 인간도 하느님의 사랑으로 유지됩니다. 아마도 이와 마찬가지로 중요한 것은, 단순한 헤이즐넛이 신적인 계시의 원천이 된다는 점입니다.

작은 창조물인 헤이즐넛이나 그와 비슷한 작은 창조물을 손에 들고 함께 하는 명상으로 당신을 초대합니다. 그것은 당신이 집으로 가지고 돌아온 손에 쥘 수 있는 작은 돌일 수도 있고, 꽃이나 깃털, 도토리나 견과류, 나뭇잎 또는 그 어떤 것이든 좋습니다.

조용한 장소를 찾아 방해 요소를 모두 끄십시오. 호흡을 천천히 깊게 하십시오. 지금이라는 이 순간에 완전히 도달할 수 있도록 하십시오. 당신 마음의 세계에서 흩어져 버린 모든 관심과 생각을 다시 불러오는 모습을 상상하십시오. 당신 인식을 심장 중심으로 내려놓으십시오.

당신 손에 있는 그것을 바라보십시오. 경이로움과 호기심으로 그것을 응시하십시오. 그 사물의 정교함에 감탄하십시오. 잠시 그 사물의 질감과 색상, 형태와 냄새와 더 친밀해지는 데 몇 분을 보내십시오. 모든 각도에서 그것을 바라보십시오. 노리치의 율리아나처럼 "이것은 무엇일까?"라고 질문한 다음, 그에 대한 응답이 떠오를 때까지 기다려 들어 보십시오. 그것이 어디에서 왔고 어떻게 당신에게 도착했는지 상상해 보십시오.

그 사물을 성사 자체로 바라보고, 그것을 신적 현존과 신적 본성을 들여다보는 창으로 인식하십시오. 어떻게 하면, 이 사물이 단순한 객체에서 주체로 변화될 수 있을까요? 어떻게 하면, 당신과 당신이 들고 있는 그 사물 사이의 모든 장벽을 허물 수 있을지 살펴보십시오. 그 사물 안에서 당신 자신을 확인해 보십시오. 그 사물이 당신과 하느님에 대해 무엇을 가르쳐 줄 수 있는지 물어보십시오. 그 사물이 당신에게 어떤 지혜를 전달해 줄 수 있는지 알아보십시오.

의식을 당신이 자리해 있는 방으로 부드럽게 돌리십시오. 천천히 호흡을 깊게 하면서 잠시 시간을 가지십시오. 당신이 생각한 것이나 발견한 것을 일기에 기록하십시오.

관상 산책: 제라드 맨리 홉킨스의 "인스케이프"

세계는 하느님의 장엄함으로 가득 차 있다.
세계는 금속 조각이 흔들리며 빛나는 것처럼 불꽃을 튀긴다.
세계는 압착으로 흘러나오는 기름처럼 하느님의
장엄함을 모은다.
그런데 사람들은 왜 이제 당신 지팡이를 무시하는가?

여러 세대가 밟고, 또 밟고, 또 밟아 왔다.
그리고 모든 것은 상업적 거래로 다 타 버렸다.
노동으로 흐릿해지고 더럽혀졌다.
모든 것이 인간의 흔적을 지니고, 인간의 냄새를 공유한다.
그 땅은 이제 드러나 있으며, 신발을 신은 발은 이제 감각이 없다.

하지만 이 모든 것에도 불구하고, 자연은 절대로 소진되지 않는다.
사물의 깊은 곳에는 가장 소중한 신선함이 살아 있다.

그리고 서쪽의 검은 마지막 빛이 사라질 때
아! 동쪽 갈색 벼랑의 가장자리에서 아침이 솟아오른다.
구부러진 세계를 성령Holy ghost이 따뜻한 가슴과
아! 빛나는 날개로 감싸고 있기 때문이다.

— 제라드 맨리 홉킨스, 〈하느님의 장엄함〉°

제라드 맨리 홉킨스Gerald Manley Hopkins(1844~1889)는 19세기 예수회 사제이자 시인이었습니다. 시인과 사제로서 홉킨스는 내재하시는 하느님의 현존과 세계 내 신적 본성의 계시에 깊은 관심을 가

° Gerald Manley Hopkins, "God's Grandeur," in *Gerald Manley Hopkins: Poems and Prose* (New York: Penguin Classics, 1985), 27. [제라드 맨리 홉킨스 지음, 김영남 옮김. 《홉킨스 시선》, 지만지(지식을 만드는 지식) 시선집, 2014]

졌고, 사물의 본질로서 성사성을 탐구했습니다. 홉킨스가 일기에서 다룬 개념 중 하나가 '인스케이프Inscape'●입니다. 인스케이프는 '사물의 내적 본질로서, 그 본질을 전달하면서 모든 창조물의 통일성을 순간적으로 드러내는 것'입니다. 홉킨스는 '인스케이프'라는 단어를 "자연물의 풍부하고 계시적인 '일체성oneness'을 구성하는, (감각의 여러 데이터를 구성하는) '개별적으로 독특한' 형태를 나타낸다는 뜻으로 만들었다."○라고 했습니다. 모든 사물은 하느님의 본성과 다른 모든 창조물과의 연결성을 나타내는 본질을 지니고 있습니다.

- ● 홉킨스는 사물 하나하나를 독특하게 만드신 하느님의 손길을 간파했고, 그것을 인스케이프라고 불렀다. 세계의 모든 자연물은 제각기 독특한 개성을 가지고 있으며, 그것이 신의 은총이라는 것이다. 모든 것이 신의 사랑과 창조력이 아름답게 구현된 것이다. 홉킨스는 "모든 것은 상이하고 독특하고 희귀하고 이상하다"라고 말한다. 세상 어느 것도 같은 게 없다. 모든 것의 독특함 속에서 하느님의 사랑과 그 창조력의 위대함을 실감한다. 홉킨스는 시를 통해 하느님께 환희의 감사를 드리며, 절대자의 은혜를 숨 막히는 감탄으로 독특하게 표현한다. 홉킨스는 독특함에서 신의 존재를 본다. 그 독특함이 인스케이프이다. 인스케이프는 우주의 생명체 또는 자연 하나하나의 독특한 개별성을 파악하는 표현이다. 홉킨스는 시 또한 하나의 인스케이프로 보았다. 시의 언어, 구문, 이미지에서도 남다른 독특한 그 무엇을 추구했다. 그의 시어는 단순한 의미나 감정의 전달 수단에 그치지 않고 언어 자체가 생명을 가지고 동작을 한다. 소리를 내어 홉킨스의 시를 원어로 읽으면 마치 동작하듯 움직임을 느끼게 된다고 한다. (신원철, 〈문학과 종교적 상상력-사제시인 G.M. 홉킨즈(1844~1889)〉, 《시와함께》, 2021, 겨울호 참조)
- ○ Gerald Manley Hopkins, ibid, xx.

〈하느님의 장엄함〉이라는 시를 천천히 두 번 읽고 관상 산책을 하러 나가도록 초대합니다. 이 시의 첫 번째 구절, '세계는 하느님의 장엄함으로 가득 차 있다'를 마음에 새기고 밖으로 나가십시오. 당신 눈앞에 세계가 어떻게 불꽃처럼 타오르는지, 반짝이거나 빛나는 순간들을 찾아보십시오. 그 순간들 속에서 인스케이프, 즉 사물의 본질을 찾아보십시오. 그것이 하느님에 대하여 무엇을 가르쳐 줄 수 있는지 질문해 보십시오. 모든 것을 성사로 맞이하고, 매 순간을 선물로 받아들이십시오.

집으로 돌아온 다음 잠시 시간을 내어, 일기에 당신이 관찰했거나 발견한 것들에 대해 글을 써 보십시오.

허브 초대: 소금이나 설탕으로 만든 로즈메리 스크럽

로즈메리는 제가 좋아하는 허브 중 하나로, 오랫동안 기억과 관련된 것으로 여겨져 왔습니다. 관이나 무덤 위에 로즈메리 한 다발을 올려놓는 것은 고인의 기억이 오래 계속 이어지기를 바라는 상징입니다. 과학적 연구에 따르면, 로즈메리 향기는 실제로 기억력을 향상하도록 해 준다고 합니다. 생리학적으로, 로즈메리는 뇌의 인지 기능을 도와줍니다. 영적으로, 로즈메리는 우리보다 먼저 간 사람들을 기억하거나, 삶에서 가장 중요한 것들을 떠올리는 데 도움을 줍니다.

로즈메리 스크럽을 만들어서 몸의 긴장을 풀고 몸의 상태를 회복하는 시간을 가져 보십시오. 로즈메리가 없으면, 다른 허브와 방향유로 대체할 수도 있습니다.

언제나처럼 기도하면서 마음의 중심을 잡는 시간을 시작하십시오. 이 스크럽을 만들기 위한 신성한 의도를 설정하십시오. 당신이 기억하고 존중하고 싶은 것들에게 이름을 붙이고, 놓아 버리고자 하는 욕망에도 이름을 붙여 표현하십시오.

큰 그릇에 천일염이나 백설탕 1컵과 신선한 로즈메리나 말린 로즈메리의 잎 4분의 1컵을 함께 섞어 주십시오. 그 재료 위로 피부에 안전한 기름(아몬드 오일이나 호호바 오일이 적합함) 4분의 1컵 정도를 부어 주십시오. 그다음 숟가락을 사용하여 그 모든 재료를 잘 섞어 주십시오. 질감에 기름이 더 필요하다고 느껴지면, 기름을 더 추가할 수도 있습니다. 마지막으로 원한다면 로즈메리 방향유를 5~7방울 추가하고, 다시 한번 잘 섞어 주십시오.

스크럽을 만든 다음 촛불을 켜고 목욕을 하십시오. 그 시간을 기도하는 시간으로 만드십시오. 향기를 깊게 들이마시면서, 조상들을 떠올려 보십시오. 조상들에게 지지와 보호를 요청하십시오. 기름은 성사 수혜자를 축성할 때 기름 부음塗油을 위해 사용되므로, 그런 성사적 행위와의 연결도 느껴 보십시오.

발바닥부터 시작해서 스크럽을 부드럽고 사랑스럽게 천천히 원을 그리며 문지르십시오. 몸에 약간의 마사지를 하십시오. 발에서 다리로, 엉덩이와 배로, 가슴으로 그리고 팔과 목으로 이동하십시오. 몸에 스크럽을 문지르면서, 이 계절 동안 놓아 버리고 싶은 것을 상상해 보십시오. 슬픔이 떠오르면, 그 감정도 그냥 흘러가게 두십시오.

시각예술 체험: 자연을 반영하기

이번에는 시각예술 체험을 위해, 자연 속에서 시간을 보내도록 당신을 초대합니다. 사람이 많이 지나다니지 않는 조용한 장소를 찾기 바랍니다. 그 장소는 이른 아침의 공원일 수도 있고, 강변이나 해변일 수도 있고, 심지어 뒷마당일 수도 있습니다. 자연의 다양한 요소에 다가가서 당신 몸으로 그들을 표현해 보기를 권유합니다. 나무를 보게 되면 몇 분 동안 그 '나무다움'을 몸으로 체화하고, 그 나무의 움직임을 당신 몸으로 반영해 보십시오. 굳이 정확하게 표현할 필요는 없습니다. 중요한 것은 나무와 관계 맺기입니다. 그 나무가 느끼는 내면의 감각을 상상하고, 그것을 반영하는 방식으로 움직이십시오. 이 관계가 충분히 펼쳐질 수 있도록 약간의 시간을 가지십시오. 충분하다고 느껴지면 깊게 호흡하고, 잠시 나무와 물리적인 연결을 느껴 보십시오. 나무에 기대거나 손을 나무껍질 위에 얹고 감사의 마음을 전하며 "성스러운 나무여!"라고 불러 보십시오.

그다음 자연에서 당신을 부르고 있는 다음 대상을 찾아보십시오. 이번에는 풀, 새 또는 해변을 철썩거리며 감싸는 파도가 될 수도 있습니다. 각 대상을 위해, 몇 분 동안 그 대상과의 체화된 연결에 깊이 들어갈 수 있도록 허용하십시오. 그 존재의 실체 속으로 들어가는 것을 상상해 보십시오. 연결 지점에서 형태나 움직임이 자연스럽게 생겨나도록 허용하십시오. 마무리가 잘 되었다고 느껴질 때까지 고요한 정적 속에 머물면서, 물리적으로 그 존재와 연결되는 그 순간의 성스러움에 감사의 마음을 전하십시오.

이런 체험을 통해 세 가지 또는 네 가지 대상과 연결하는 작업을 마친 다음, 이동해서 당신이 무엇을 느꼈고 발견했는지 알아차리고 기록하는 시간을 가져 보십시오. 색연필이나 연필, 크레용이나 마커와 함께 몇 장의 빈 종이를 준비하십시오. 각 만남에서 당신이 경험한 본질을 그려 보십시오. 그 이미지는 당신이 이런 방식으로 연결하며 발견한 것을 색깔과 형태로 나타내는 표현이 될 것입니다.

글쓰기 체험: 나는 절망할 때

나의 내면에서 세상에 대한 절망감이 커져 나를 짓누를 때,

밤중에 작은 소리라도 들리면 잠에서 깨어나
내 삶과 내 아이들의 삶이 어떻게 될지 두려워진다.
물 위의 나무오리는 쉬기 위해 아름다운 곳으로 가서 눕고,
큰 왜가리는 먹이를 찾아 먹이가 있는 곳으로 간다.
나는 미래의 슬픔이 내 삶을 짓누르지 않는
야생의 존재들 속 평화로 들어간다.
나는 고요한 물이라는 존재 속으로 들어간다.
그리고 내 머리 위에 낮에는 보이지 않는 별들이
자신의 빛이 비치기를 기다리고 있음을 느낀다.
잠시, 나는 세상의 은총 속에서 쉬고 자유로워진다.

― 웬델 베리, 〈야생의 평화 The Peace of Wild Things〉◦

이 시를 최소한 두 번 읽고, 그 이미지에 머물러 보십시오.

시의 영감을 찾는 가장 좋은 방법은, 다른 시에서 한 구절을 가져오거나 변형하면서 시작하는 것입니다. 일기장에 "나는 절망할 때"라는 문구를 적고, 이어서 떠오르는 이미지로 글을 써 보십시오. 어떤 감정이나 생각이 떠오르는지, 응답으로 무엇이 나타나는지 살펴보면서 자연스럽게 글이 흘러나오도록 하십시오.

◦ Wendell Berry, *The Selected Poems of Wendell Berry* (Berkeley, CA: Counterpoint Press, 1999), 30.

언제든 막히는 기분이 들면 "나는 절망할 때"라는 문구를 다시 쓰십시오. 그렇게 하면 그 문구가 시 전체를 관통하는 만트라mantra 가 됩니다. 그 문구를 쓸 때마다 새로운 이미지가 떠오르도록 하십시오. 모든 이미지가 서로 연결될 필요는 없습니다. 일단 완성된 듯 하다고 느끼는 지점에 도달하면, 시를 다시 읽어 보고 수정하거나 편집하고 싶은 충동을 참아 보십시오.

이전 참가자들의 시

나는 절망할 때

나는 절망할 때,
자신에게 눈물이라는 사치를 허락한다.
아! 도대체 누가 나를 속이고 있는 것일까?
내 안에서, 내 위에서, 내 속에서 눈물이 씻겨 나간다.
하지만 결국 서둘러 다시 통제권을 잡아
내가 생각하는 존엄성을 되찾으려 한다.
내가 생각하기에,
그 존엄성이 자신에게 "기도해, 베티. 기도해,"라고
명령하는 듯하다.
가끔 쿠키나 초콜릿을 먹으려 손을 뻗기도 하지만,

술은 절대 한 잔도 마시지 않는다.

나는 절망할 때, 차라리 고통을 느끼고 싶다.
채찍 같은 혀가 어깨를 물어뜯는 고통을 느끼고 싶다.
나는 절망할 때, 재킷과 카메라를 챙겨 들고 길을 나선다.
숲에서 흙냄새 같은 냄새를 찾고,
시냇물에서 어머니 목소리를 듣고 싶다.
하지만 아마 가장 중요한 것은 '길을 나선다'는 것이다.

나는 절망할 때, 최선을 다한다.
도망치기 위해, 기차를 타기 위해, 나무에 오르기 위해
흐름 속으로 뛰어들기 위해, 날기 위해.
자신 안에 움츠러드는 것만은 피하고 싶다.

― 베스 아몬드 포드(Beth Almond Ford)

절망이 내 정신의 동맥을 막아 버릴 때
차가운 바이러스처럼 절망은 자라나고
나는 삶의 빈 화면을 바라다본다.
밖으로 나가 별들을 올려다본다.
수억 광년을 지나온 빛의 세기가 그 냉기冷氣를 지나서
내 머리 위를 스쳐 가게 하여 나를 데려가게 내버려두자.

그 거대한 창조물이 나를 감싸 안도록 허락하자.

너무나 거대하고

너무나 지혜롭고

너무나 진실한.

― 멜리사 캠벨 랭델(Melissa Campbell Langdell)

나는 절망할 때…

나는 절망할 때,

어둠 속에서 누군가의 손을 잡는 것을 상상해요.

나는 절망할 때 붉은 촛대 속 초에 촛불을 켜요.

왜냐하면, 멀리 떨어진 곳에 있는 누군가도

나와 같이 촛불을 켠다는 것을 알기 때문이에요.

어쩌면 이렇게 작은 방식으로 행하는 우리 기도가

세계를 감싸고 있을 거예요.

나는 절망할 때,

전혀 빛이 비치지 않는 그런 어두운 언덕을 생각해요.

소금기 있는 안개가 매일 아침 돌아오는 언덕을 떠올려요.

그렇게 하면, 흩어진 나 자신의 조각들을 되찾을 수 있어요.

산등성이 능선의 그림자 속에서, 나는 얼룩진 말을 찾고,

꿈이 현실로 변하는 그곳을 찾아요.

— 셰리 위버 스미스(Sherry Weaver Smith)

마무리 축복 기도

6장에서는 원초적인 성사로서 지구를 탐구했습니다. 창조세계인 지구는 육(肉)이 되신 하느님의 현존을 우리에게 드러내 주는 듯한 느낌이 들게 합니다. 창조물은 모든 것의 거룩함을 드러내는 빛처럼 반짝입니다. 세계의 성사적인 본질을 인식하고 바깥 세계로 걸어 나갈 때, 당신의 감각이 어떻게 살아나는지 느껴 보십시오. 당신의 오감(五感), 즉 눈, 귀, 코, 입과 피부 감각은 주변 세계 속에서 하느님이 살아 계시는지를 어떻게 드러내나요?

축복들

무심코 매일 스치면서 눈여겨보지 않았던
행복한 얼굴의 팬지꽃,
당신을 축복합니다.
바쁘게 자기 일을 열심히 하는 꿀벌들,
당신을 축복합니다.

바람에 기쁘게 흔들리는 보랏빛 꽃,

당신을 축복합니다.

이렇게 기쁘고 자유롭게 날아다니는 빠른 새,

당신을 축복합니다.

소름을 돋게 만드는 사랑스러운 바람,

당신을 축복합니다.

부서지고 손상되었지만 위엄 있고 강력한 나무,

당신을 축복합니다.

생명력 넘치는 기쁨의 소리로 세계를 감싸는 새의 노래,

당신을 축복합니다.

— 베티 메도스(Betty Meadows)

7

지구,
최초의 전례

종교는 항상 지구의 시간을 지켜 왔습니다.
전례는 오직 가슴이 이미 알고 있는 것을 승인할 뿐입니다.

– 필리스 티클, 《필리스 티클의 필수적인 영적 글쓰기》°

○ Jon Sweeney, ed., *Phyllis Tickle: Essential Spiritual Writings* (Maryknoll, NY: Orbis Books, 2015), 1.

프랑스의 신학자 장이브 를루Jean-Yves Leloup(1950~)는 《고요히 있으라: 고대 신비주의 전통에 대한 성찰*Being Still: Reflections on an Ancient Mystical Tradition*》의 서두에서, 가슴의 기도에 대해 배우려고 세라핌 신부를 찾아온 한 젊은 수도자의 이야기를 들려줍니다.°● 세라핌 신부는 기도 방법을 가르치기 전에 그 수도자에게 먼저 산처럼 명상하는 법을 배워야 한다고 말합니다. 수도자는 산으로부터 자세의 부동성과 그 뿌리 내림과 존재의 무게, 그리고 고요함과 안정성이라는 경험을 배웁니다. 수도자는 산에서 (특정 시간에 제한받지 않는) 영원한 시간을 체험하고, 산의 내부와 그 둘레 세계에서 영원 체험을 하면서, 계절의 은총도 배웁니다.

○ Jean-Yves Leloup, *Being Still: Reflections on an Ancient Mystical Tradition* (New York: Paulist Press, 2003), 2~8.
● 를루는 도미니코회 사제였다가, 1986년 도미니코 수도회를 떠나 프랑스 정교회 공동체로 들어갔다. 를루는 Saint-Michel (Var) 교회에서 장 세라핌(Jean Seraphim) 신부라는 이름으로 불렸다.

그다음 신부는 양귀비처럼 명상하는 법을 배우라고 수도자를 양귀비에게 보냅니다. 수도자는 산에서 배운 지혜를 가지고 양귀비에게 갑니다. 양귀비를 통해 자신을 빛으로 향하게 하고, 자기 내면의 깊은 곳에서 그 광휘를 향해 묵상 수행을 하는 지향법을 배웁니다. 또한, 양귀비는 수도자에게 곧게 서 있는 자세와 바람에 따라 휘어지는 능력도 가르쳐 줍니다. 산이 수도자에게 영원에 대해 가르쳐 주었다면, 양귀비는 주어진 날들의 유한함을 가르쳐 줍니다. 꽃이 시들기 시작할 때, 젊은 수도자는 명상이란 매 순간의 덧없음 속에서 영원 체험을 하는 것임을 배웁니다.

그다음 수도자는 바다로 보내져, 밀물과 썰물의 지혜를 배우게 됩니다. 수도자는 '파도라는 큰 호흡의 리듬'에 자신의 호흡을 동조화하는 법을 배웁니다. 바다 위에 떠 있으면서도, 파도치는 수면 아래 깊은 바다의 고요함을 발견하고, 파도라는 큰 호흡의 리듬에 휘말리지 않으면서 자기를 인식하는 법을 배웁니다.

마침내 신부는 수도자에게 새처럼 기도하는 법을 배우게 합니다. 신부는 예언자 이사야가 사자의 포효나 비둘기의 노래와 같은 동물의 울부짖음으로 묵상을 묘사했다고 이야기합니다(이사 31, 4; 38, 14 참조). 새는 수도자에게 끊임없이 노래하는 법을 가르쳐 주고, 하느님의 이름을 쉬지 않고 마음속에서 반복하도록 합니다. 이렇게 신적인 이름을 계속해서 부르는 것이 수도자를 깊은 고요함의 장소로 인도합니다.

지구와 지구의 창조물들은 이렇게 우리에게 기도하는 법과 경배하는 법, 그리고 찬양하는 법을 가르쳐 줍니다. 하지만 이것은 이 세계에서 우리가 그들의 리듬에 귀 기울이고 주의 깊게 관찰할 때만 가능합니다.

수도자들은 이런 리듬을 잘 알고 있습니다. 예로부터 오래된 시간 전례인 '성무일도' 수행은 수도자들을 매일의 일출과 일몰에 몰입시켰습니다. 토마스 베리는 성무일도라는 전례의 리듬에 대해 이렇게 썼습니다. "초기 그리스도교인들은 새벽과 일몰이라는 신비한 순간, 그리고 다양한 계절의 변화 과정을 잘 반영하도록 주의 깊게 찬양하는 전례 의식을 채택했다. 이 전례는 중세 시대까지 유럽의 베네딕토 수도회와 시토회 수도원에서 가장 충실히 수행되었다. 또한, 사회 질서 자체가 이 기본적인 생명의 리듬에 의해 지배되었다."[o] 하루 중 문턱의 시간, 특히 새벽과 황혼은 오랫동안 신비로운 시간으로 여겨져 왔습니다. 이 시각은 세계가 어둠에서 빛으로 빛에서 어둠으로 이동하는 시간이며, 특별히 경외감을 느끼게 하는 시간입니다. 시간의 이런 기본적인 리듬이 성무일도라는 기도 수행의 기초가 되었으며, 지구를 원초적인 전례로 드러냅니다.

---

[o] Thomas Berry, *The Great Work: Our Way into the Future* (New York: Crown, 1999), 23~24. (토마스 베리 지음, 이영숙 옮김, 《위대한 과업》, 대화문화아카데미, 2009, 42쪽)

지속적인 찬양을 통한 창조

불은 그 불꽃으로 하느님을 찬양하죠.
바람은 그 불꽃을 흔들면서 하느님을 찬양해요.
우리가 듣는 그 소리 속에
하느님을 찬양하는 말씀이 있어요.
그리고 그 말씀이 들리면 우리는 하느님을 찬양하죠.
그래서 모든 창조물은 하느님을 향한 찬양의 노래예요.

— 빙엔의 성 힐데가르트

히브리 경전과 그리스도교 성경은 자연의 주요 기능이 신성을 찬양하는 행위에 우리가 계속 참여하도록 하는 것이라는 비전을 제시합니다. 성 바오로의 "끊임없이 기도하십시오."(1테살 5, 17)라는 초대를 따르는 관상가라면 자연 세계에 관심을 기울이는 것이 좋습니다.

산책하러 나갈 때마다 생동감 있는 살아 있는 풍경 속으로 발을 내디디고 있다는 느낌으로 시작하십시오. 찬양이라는 전례가 펼쳐지는 위대한 장면에 참여하고 있다고 느끼십시오. 그다음 이 지속적인 찬양에 당신 몸도 동참하게 하십시오. 당신 몸은 이 진행 중인 찬양과 깊은 친밀함으로 연결되어 있음을 이미 알고 있습니다. 오직 우리에게만 의식意識이 있다고 주장함으로써, 우리는 자신을 창조물들로부터 분리해 왔습니다. 창조의 모든 요소가 이 원초적인 대성전에 참여하며, 경전, 성도, 영적 지도자, 성상, 성사와 전례는 매 순간 우리에게 지혜를 제공합니다. 신성과 만나게 하는 이런 성스러운 장소들은 우리 몸으로 깊이 있게 체험됩니다.

시편은 모든 창조물이 하느님께 지속적인 찬양을 드리고 있다고 봅니다. 바다, 하늘, 나무, 동물, 별, 이 모든 것이 인간의 언어 없이도 그들만의 다른 언어로 하느님의 영광을 노래합니다. 모든 창조물이 모든 것의 신성함을 찬양하도록 부르심을 받았으며, 이 가능성은 절대 고갈되지 않습니다. 시편은 "숨 쉬는 것 모두 주님을 찬양하여라. 할렐루야!"(시편 150, 6)라고 외칩니다. 이것은 우리 주변에서 일어나는 지속적이고 끊임없이 펼쳐지는 축하의 합창이며 우리도 동참하도록 초대받았습니다. 소나무와 표범, 바다와 나무늘보처럼, 찬양이 우리 마음에서 자발적으로 솟아나야 합니다.

겨우살이 개똥지빠귀를 찬양하는 오래된 아일랜드 시가 있습니다. 이 새는 그 아름다움으로 축하를 받고, '즉흥적인 설교'o를 통해 청중에게 하느님의 선하심에 대해 많은 것을 가르칩니다. 이 새는 단순하게 성사일 뿐만 아니라, 설교자이자 전례 집전자로 신성한 근원을 기념하는 자신의 관점을 제공합니다.

항해사 성 브렌다노St. Brendan(484~577)에 관한 멋진 이야기에

---

o Mary C. Earle, *Celtic Christian Spirituality: Essential Writings – Annotated and Explained* (Woodstock, VT: SkyLight Paths, 2011), 33.

서, 브렌다노는 성인들에게 약속된 땅을 찾기 위해 먼바다를 수 킬로미터나 여행했습니다. 그 여행 과정 중에 브렌다노는 여러 섬에 머물렀고, 어느 날 한 섬에서 하느님을 찬양하며 하루 중 정해진 시간에 시편을 노래하는 하얀 새들의 무리를 만났습니다. 원래 수도자인 이 새들은 이미 성무일도를 노래하고 있었습니다.

찬양의 시편은 종종 자연을 생동감 있고 지속적인 경축의 축제로 묘사합니다. 머튼은 수도자로서 자신의 소명을 창조물 전체가 부르는 노래에 귀 기울이는 것으로 보았습니다. 머튼은 자신의 둘레 세계에서 일어나는 이 원초적인 전례에 동참하라는 초대를 받았습니다. 숲속에서 머튼은 "살아 있는 것들의 감미로운 노래"°에 귀 기울일 수 있었으며, 주님을 찬송하는 그 축하의 합창에 합류할 수 있었습니다. 이런 순간들 속에서 머튼은 자기 주변에서 맥박치듯 진동하고 있는 천국을 느낄 수 있었습니다.

《순례자의 길 The Way of the Pilgrim》이라는 19세기 러시아 정교회 텍스트에는 이렇게 쓰여 있습니다. "마음 깊은 곳에서 기도하고 있을 때, 나무, 풀, 새, 땅, 공기, 빛 등 내 주변의 창조된 그 모든 것이 변화되는 것 같이 보였다. 모든 창조물이 인류를 향한 하느님의 사랑을 증언하는 것 같았다. 모든 것이 기도하고 있었다. 모든 것이 하

° Thomas Merton, *When the Trees Say Nothing: Writings on Nature* (Notre Dame, IN: Sorin Books, 2003), 23.

느님께 영광을 돌리며 노래하고 있었다."°

자연의 모든 것이 하느님께 영광을 노래하고 있습니다. 심지어 계절도 하느님께 영광을 노래합니다. 전례력은 죽음과 부활이라는 계절의 주기를 반영합니다. 자연은 자신만의 고유한 전례력을 지니고 있습니다. 매년 가을 태평양 북서부에서 연어의 회귀를 기다릴 때, 겨울마다 수천 마리의 백조와 기러기가 떼를 지어 이동할 때, 아일랜드에서 봄의 도래를 알리는 징후로 나타나는 첫 꽃눈을 볼 때, 매해 여름 전 세계에서 풍성한 과일과 채소가 도착할 때, 우리는 자연에서 그들만의 고유한 전례를 발견합니다. 이 모든 것이 창조의 역사가 펼쳐지는 달력에 표시되어 있는 축제의 날들입니다. 자연이 앞으로 다가올 일을 알려 주는 신호를 보내는 이 시간은 우리가 기념해야 할 시간입니다. 심지어 매일 아침 태양이 돌아올 때도 새들의 찬양 노래가 이어집니다.

새들에게 먹이 주기

최근 몇 년 동안, 저는 새들에게 푹 빠졌습니다. 저는 까마귀의 두

° Quoted in Jean-Yves Leloup, *Being Still: Reflections on an Ancient Mystical Tradition* (New York: Paulist Press, 2003), 83~84.

껍고 광택이 있는 짙은 색깔의 깃털과 그들의 지능을 좋아했습니다. 우리가 안뜰이 있는 남향집으로 이사하면서, 이전보다 더 다양한 새들이 방문객으로 찾아오는 듯했습니다. 저는 바다 갈매기의 탄력성과 바람을 가르며 노는 모습도 좋아하지만, 때로는 그들이 다소 공격적이라 생각되어 우리 집 난간에는 내려앉지 못하게 합니다. 비둘기는 좀 더 참을 수 있지만, 그들 역시 때때로 서로에게 공격적입니다.

하지만 저는 찌르레기, 참새, 그리고 할미새와 같은 수줍어하는 작은 새들과 사랑에 빠졌습니다. 이런 새들은 약간의 격려가 필요합니다. 제 아침 의례 중 하나는 새 모이를 밖에 놓아두고, 새들이 하나씩 도착하는 것을 기다리며 지켜보는 것입니다. 5월에는 찌르레기가 우리 집 밖에 있는 덤불에 둥지를 틀고, 그 울음소리가 몇 주 동안 공기를 가득 채웁니다. 어린 새들은 입을 크게 벌리고 자기 부모를 따라다닙니다.

새들이 우리 집을 방문할 때마다, 예수님이 공중의 새들을 보라고 하시면서 우리의 필요가 어디에서 올지를 걱정하지 말라고 하신 성경 구절(마태 6, 25~34 참조)이 다시금 떠오릅니다. 하느님은 때때로 어린 새들을 보호하는 어미 새나 하늘을 나는 독수리에 비유되기도 합니다. 새들에게 먹이를 주는 행위는 저를 하느님이라는 존재에 대한 깊은 신뢰로 되돌아가게 하고, 야생의 장소에서 하느님의 현존을 찾게 합니다. 새들은 매일 아침 그들만의 의례에 따라 도착해서 저를 깨우는 노래를 부릅니다. 내일에 대한 걱정으로 마음이 뒤엉켜 있을 수도 있지만, 자연 속에서 보내는 시간은 종종 우리에게 새로운 관점을 제공합니다. 즉, 사물의 지속성과 우리를 둘러싼 리듬을 상기시켜 줍니다.

성 브리지다와 검은머리물떼새

성 브리지다St. Brigid(451~525)와 동물들과의 친밀한 관계에 대한 많은 이야기가 전해져 옵니다. 브리지다는 그녀의 동반자인 흰 소로 가장 잘 알려져 있으며, 이 소는 우유가 필요한 모든 사람에게 끊임없이 우유를 제공했습니다. 브리지다는 또한 아일랜드와 스코틀랜드의 해안에서 볼 수 있는 바닷새인 검은머리물떼새와도 친밀한 관계를 맺었습니다. 이 새들의 게일어 이름은 지올라 버드Giolla Bird이며, 이것은 '브리지다의 하인들'이라는 의미입니다.

전해 오는 이야기에 따르면, 브리지다는 자신에게 해를 끼치려는 사람들로부터 도망치고 있었다고 합니다. 해안에 도달해 모래 위에 쓰러졌고, 더 이상 도망칠 수 없었습니다. 그때 검은머리물떼새들이 그 곤경을 보고, 브리지다를 모래와 해초와 조개껍데기로 덮어주어 추적자들이 그녀를 찾지 못하게 했습니다. 브리지다가 그 조력자들의 행동에서 느꼈을 기쁨과 감사의 순수함, 그리고 창조물과 맺은 이런 친밀한 관계에 관한 이야기는 정말 마음에 듭니다. 자연과 우리의 이런 깊은 유대감, 즉 연결됨이라는 감각은 우리의 찬양 전례에도 영감을 줍니다.

천국 수행

수도원 전통에서는 천국이라는 꿈, 그리고 세계가 한때 온전했고 다시 온전해질 것이라는 주장이 큰 비중을 차지합니다. 사실 세계는 겉으로 보기에는 타락한 상태일지라도, 그 자체로 이미 온전함 속에 있습니다. 우리가 속도를 늦추고, 세계를 바라보면서 소중히 여기기만 하면 됩니다. 이것이 관상 전통의 핵심입니다. 사물의 표면 그 아래를 보고, 모든 순간에서 성스러움이 반짝이는 것을 찾는 관점을 기르는 것입니다. 창조세계는 우리를 천국으로 이끄는 성스러운 전례로, 우리 자신의 잠재력과 거룩한 방향을 일깨워 줍니다.

이 책 서문의 서두에서 인용한 머튼의 말을 다시 기억해 보십시오. "하느님의 모든 창조물과 올바른 관계를 완전히 회복한 새로운 창조의 삶을 살아야 합니다."° 우리는 부분적으로 천국 수행을 함으로써 이것을 수련하고 있습니다. 즉 사물의 표면 아래에 있는 성스러움을 보고, 머튼이 말하는 '숨겨진 온전함'이 우리에게 존재한다는 것을 기억하는 것입니다. 만일 우리가 세계에서 생명력 있는 푸르름의 힘을 보는 눈을 가지고 있다면, 느낄 수 있는 것입니다.

지금 이 순간 우리는 지구를 전체로 인식할 수 있으며, 동시에 우리가 초래한 파괴로부터 온전함을 회복하기 위해, 우리가 실행해야 할 위대한 과업을 인정할 수밖에 없습니다.

천국 수행은 온전함을 회복하는 한 방법이며, '걱정 없는 삶' 또는 '목적 없는 삶'이라는 아이디어에 기반하고 있습니다. 이것은 의미 없는 삶을 뜻하는 것이 아니라, 오히려 우리 삶에서 인간적으로 영웅적인 승리를 추구하는 욕망으로 괴로워하지 말라는 것을 의미합니다. 이것은 사회가 가치 있다고 생각하는 것과는 전혀 다른 목적을 가지고 사는 것을 의미합니다.

'걱정 없는 삶'은 고대 그리스도교 관상 텍스트에서 중요한 주제입니다. 이것은 예수님이 산상수훈에서 걱정하지 말고 살라는 부르심에서 시작됩니다. 예수님은 '공중에 나는 새'와 '들에 핀 나리꽃'에 대한 말씀(마태 6, 25~31 참조; 요한복음은 3장에서 반영)을 통해 이것을 명확하게 표현하셨습니다. 이런 이미지가 초기 수도자들에게 생생하게 다가왔으며, 그들은 세상이 중요하다고 여기는 것에 얽매이지 않고 벗어나 일상을 걱정 없이 살고자 했습니다.

○ Thomas Merton, "Letter to Rosemary Radford Ruether," in *Hidden Ground of Love: Letters* (New York: Farrar, Straus, Giroux, 1985), 503.

초기 수도자들도 우리 대부분처럼 불안과 두려움에서 벗어난 삶을 살 수 있기를 갈망했습니다. 수도자들의 모든 영적 수행은 이런 궁극적인 목표를 위해 봉사하는 것이었습니다. 수도자들은 매 순간 자유롭게 제공되는 풍성한 은총을 인식하지 못하게 만드는 내적 분열에서 치유받기를 원했으며, 이것은 창조물의 전례와 노래를 들음으로써 얻을 수 있는 것이었습니다.

이 세계의 한가운데서 천국에 살기 위해서는, 사물을 다르게 보는 눈이 필요합니다. 이것은 오직 수행을 통해서만 가능합니다. 신학자 더글라스 크리스티는 이렇게 썼습니다. "이것은 근본적으로 종말론적 비전이다. 우리가 아는 세계는 부서지고 닳아 버렸다는 인식에서 태어났지만, 그런 부서짐 속에서도 (…), 항상 신비롭게 존재하는 참되고 온전한 세계의 성격을 분별할 가능성이 있다는 것이다. 이 '숨겨진 온전함'에 대한 인식을 기르고, 그 안에서 그리고 그것을 위해 살아가는 능력이 세계를 치유하는 작업에 대해 관상 전통이 기여한 중요한 것 중 하나이다."⁰ 세계 속 관상가로서 우리 존재는 이원론과 분열을 극복하고, 우리의 내면과 주변 세계에 존재하는 온전함을 보기를 갈망하는 치유 작업을 해야 합니다. 관상가로서 우리는 볼 수 있는 능력을 기르기 때문에, 불안 속에서도 자유

⁰ Douglas Christie, *The Blue Sapphire of the Mind: Notes for a Contemplative Ecology* (Oxford: Oxford University Press, 2012), 317.

로운 존재로 살아갈 수 있으며, 대안적인 삶을 증언할 수 있습니다. 전례는 이미 우리 가운데 있는 온전함을 축하합니다.

존 발터스 페인트너의 성경 묵상

창조주이며 섭리자이신 하느님(시편 104)

내 영혼아, 주님을 찬미하여라.
주 저의 하느님, 당신께서는 지극히 위대하십니다.
고귀와 영화를 입으시고 빛을 겉옷처럼 두르셨습니다.
하늘을 차일처럼 펼치시고 물 위에 당신의 거처를 세우시는 분.
구름을 당신 수레로 삼으시고 바람 날개 타고 다니시는 분.
바람을 당신 사자로 삼으시고
타오르는 불을 당신 시종으로 삼으시는 분.

(…)

주님의 영광은 영원하리라.
주님께서는 당신의 업적으로 기뻐하시리라.
땅을 굽어보시니 뒤흔들리고 산들을 건드리시니 연기 내뿜네.
나는 주님께 노래하리라, 내가 사는 한.

나의 하느님께 찬미 노래 부르리라, 내가 있는 한.

내 노래가 그분 마음에 들었으면!

나는 주님 안에서 기뻐하네.

죄인들은 이 땅에서 없어져라.

악인들은 더 이상 남아 있지 마라.

내 영혼아, 주님을 찬미하여라.

할렐루야!

— 시편 104, 1~4, 31~35

인간만이 하느님의 장엄함을 반영하고 찬양하는 것은 아닙니다. 우리는 (종종 시끄럽고 자기중심적이지만) 하느님의 창조물 중 하나일 뿐이며, 하느님께서 만드신 모든 것의 일부일 뿐입니다. 시편 104편은 창조물이 어떻게 하느님의 장엄함을 찬양하는지를 아름답게 상기시켜 주며, 자연의 끝없는 전례를 묘사합니다.

시편은 구조 자체가 첫 번째 창조 신화를 재구성해 다시 이야기하는 형식을 지니고 있습니다. 시편을 여는 첫 번째 연은 빛과 어둠의 분리, 그리고 궁창 위와 궁창 아래 물의 분리로 시작됩니다. 그다음 시편 저자는 동물들이 갈증을 해소하고 식물을 적실 수 있도록 물을 공급해 주는 샘과 시냇물에 관해 씁니다. 초목들은 육지와 공중의 창조물에게 거처와 양식을 제공합니다. 심지어 바다의 셀 수 없이 수많은 알려지지 않은 창조물도 언급합니다. 마지막 연은 모든 창조물이 하느님의 손길로 유지되고 있음을 상기시킵니다.

이 특별한 시편을 제가 사랑하는 이유 중 하나는, 첫 번째 창조신화가 지닌 원래의 시적 본성을 강화해 주기 때문입니다. 사실 그 이야기를 쓴 저자들은 과학적인 방법이 발명되기 전뿐만 아니라, 객관적인 역사 개념이 등장하기 수 세기 전에 산 사람들입니다. 첫 번째 창조신화를 쓴 저자들은 창조주 하느님에 대한 깊은 진리와 하느님과 우리의 관계를 표현하려고 노력했습니다.

이 시편이 이토록 시적으로 우리에게 전달하려는 메시지는 원초적인 전례가 창조세계 그 자체에서 목격된다는 것입니다. 전례는 자연, 그리고 자연의 일부인 우리 자신이 어떻게 창조되어 존재하고 축하받게 되어 있는지를 이야기에 엮어 줍니다. 전례는 공동체가 모여 공통된 영적 체험을 나누려는 자연스러운 본능을 형식화하여 단순하게 표현한 것입니다. 우리는 제대로 된 전례를 배우기 위해 우리의 동료 창조물들에게 눈을 돌리는 것이 좋습니다.

묵상: 생명의 나무

13세기 프란치스코회 수도자였던 성 보나벤투라는 그리스도의 생애를 기도하는 마음으로 묵상한 다음《생명의 나무》라는 책을 썼습니다. 이 책에서 보나벤투라는 독자들에게 기도의 은유로 나무를 상상해 보도록 초대합니다.

여기에서 저는 그 기도문을 조금 수정하고 확장해 보았습니다. 상상 속에서 그 기도에 들어가도록 당신을 초대합니다.

우선 조용한 장소를 찾아보십시오. 집중을 방해하는 요소를 전부 끄고, 호흡을 깊게 하면서 중심을 잡으십시오. 호흡을 느리고 깊게 하고, 의식을 머리에서 심장 중심으로 내려 보내십시오. 당신 마음의 안식처인 심장이라는 성소에서 몇 분간 머물면서 잠시 휴식을 취하십시오. 신비주의자들이 우리 각자의 심장 속에 존재한다고 말한 신적인 불꽃에서 현재를 느껴 보십시오.

풍성한 나무를 시각화해 보십시오. 그 나무는 당신이 알고 사랑하는 나무일 수도 있고, 한 번도 본 적 없는 나무일 수도 있습니다. 그 나무의 뿌리가 끝없는 분수를 통해 물을 공급받고, 그 분수가 거대한 강이 되어 주변의 모든 정원에 물을 공급해 주고 있는 모습을 떠올려 보십시오. 물과 햇빛이 풍부하여 모든 것이 번성하고 있습니다.

상상해 보십시오. 그 나무의 줄기에서 열두 개의 튼튼한 가지가 뻗어 나옵니다. 각 가지에는 잎과 꽃과 열매가 가득 달려 있습니

○   St. Bonaventure, *The Soul's Journey into God*, translated by Ewert Cousins, Classics of Western Spirituality (New York: Paulist Press, 1978), 120.

다. 가까이 다가가 잎을 자세히 살펴보면, 그 안에 모든 종류의 질병을 예방하고 치료할 수 있는 약효 성분이 들어 있음을 발견할 수 있습니다. 당신에게 치유가 필요한 육체적, 정신적, 영적인 부위를 떠올리고, 그에 적절한 약효 성분을 선물로 달라고 나무에게 청하십시오. 나무가 당신에게 어떤 선물을 제공하는지 확인하고, 그 선물을 감사하는 마음으로 받아들이십시오. 이제 잠시 멈춰 그 잎으로 차를 만들 수 있다고 상상해 보십시오. 천천히 나무가 제공하는 차를 음미하며, 그 약효 성분이 당신이 가장 필요로 하는 부위에 스며드는 모습을 지켜보십시오.

그 나무를 다시 자세히 살펴보십시오. 가지를 장식하고 있는, 상상할 수 있는 다양한 색깔과 향기를 가진 꽃들의 성대한 배열에 주목하십시오. 각각의 꽃 앞에 잠시 멈춰 서서, 그 향기를 부드럽게 들이마시고 음미하십시오. 그 아름다운 꽃의 향기가 주변으로 퍼져나가 당신을 감싸고, 마치 아름다운 향기를 지닌 천국의 구름 속에 서 있는 듯한 기분을 느껴 보십시오.

그다음 다시 한번 나뭇가지를 바라보십시오. 그 가지에서 잘 익어 가는 열매를 볼 수 있습니다. 12가지 종류의 과일이 절정에 오른 단맛을 자랑하고 있습니다. 그중 하나를 선택해서 먹어 보고 그 맛을 음미하십시오. 과즙이 턱을 타고 흘러내리는 것을 느껴 보십시오. 그 과일은 평생 먹어도 절대 질리지 않을 것이라는 확신이 듭니다. 영양소가 당신의 몸과 영혼의 구석구석까지 전달되어 가는 것을 느끼며, 몸과 영혼이 새로운 활력으로 가득 차오르는 것을 경험하십시오.

몇 분간 나무 몸통에 등을 기대고 편안히 쉬며, 당신을 지탱해 주는 나무의 견고함과 지지력을 느껴 보십시오. 치유를 해 주는 약효 성분, 기분을 북돋아 주는 향기, 그리고 앞으로의 여정을 위해 상당한 영양을 공급하는 나무에 대한 감사를 흠뻑 느껴 보십시오. 도움이 필요할 때 언제든지 이 나무가 당신 가슴속에서 당신을 기다리고 있다는 것을 인식하고, 축복과 감사의 기도를 드리십시오. 주변에서 새들이 기쁨으로 노래하는 소리를 들으면서, 당신의 내면과 주변에서 펼쳐지는 찬양의 전례에 함께하십시오.

다시 부드럽게 호흡을 깊게 하면서, 천천히 의식$_{意識}$을 당신 방으로 돌려 보십시오. 몇 분 동안 일기를 쓰면서, 특별히 반짝였거나 놀라웠던 일이 무엇인지 알아차리십시오.

관상 산책: 축복받기

이제 깊은 호흡을 하고, 자신을 중심에 두십시오. 자연 세계로 걸어 나가면서, 매 순간 펼쳐지는 신성한 전례의 일부가 되었음을 느끼며 자연에게 축복을 청하십시오. 한 걸음 한 걸음 내디딜 때마다, 주변에 무엇이 있는지 모든 것에게 주의를 기울이십시오. 새들과 식물들, 하늘과 바람과 나무에서 현재라는 순간을 느끼고, 그들과 연결되십시오. 앞으로 나가면서, 자연의 각 구성원에게 축복을 선물로 달라고 청하십시오. 또한, 창조주에게 당신이 태어난 장소도 축복해 달라고 청하십시오. 그 장소가 기쁨으로 솟아올라 세계의 필요를 충족시킬 수 있도록 기도하십시오.

규칙적으로 잠시 멈춰 서서 당신에게 주어지는 축복을 받아들이십시오. 집으로 돌아오면, 발견하고 받은 것들을 기록하는 시간을 가지십시오.

허브 초대: 허브 꿀 만들기

허브를 활용하는 또 다른 방법은 허브를 꿀에 주입하여 우려내는 것입니다. 말린 유기농 장미 꽃잎을 다시 사용할 수도 있고, 타임, 라벤더, 로즈메리 같은 다른 허브를 사용할 수도 있습니다. 이들 허브는 모두 향이 아주 좋아서, 허브 꿀 만들기에 잘 어울립니다. 꿀은 수천 마리 꿀벌이 노동해서 만들어 낸 결과물로, 달콤함과 벌들이 일한 땅의 정수를 우리에게 선사합니다. 가능한 한 당신이 살고 있는 지역의 꿀 생산자에게서 꿀을 구매하십시오. 꿀을 잘 혼합할 수 있는 작은 그릇, 그리고 숟가락과 함께 꿀을 담아 둘 유리병을 준비해 두십시오.

잠시 멈춰서 중심을 잡고, 이 시간을 위한 당신의 의도를 축복하면서 시작하십시오.

허브가 주입된 꿀을 만드는 과정은 허브가 주입된 기름을 만드는 과정과 매우 유사합니다. 말린 허브를 병에 넣고, 꿀로 가득 채웁니다. 공기 방울을 제거하고, 허브가 완전히 잠기도록 저어 주십시오. 필요하다면 꿀을 더 추가해도 됩니다.

꿀이 허브에 스며들도록 최소한 일주일 동안 그냥 두십시오. 그 다음 허브를 꿀에서 걸러 낼 수도 있고, 허브가 포함된 채로 이용할 수도 있습니다. 허브는 식용이 가능해 그대로 먹을 수 있으니 걱정하지 않아도 됩니다. 취향에 따라 선택하면 됩니다.

아일랜드 순례 중 어떤 의례의 마무리에서는, 삶의 달콤함을 음미하는 상징으로 꿀을 사용합니다. 각 순례자는 아일랜드의 신성한 나무 중 하나이자 낙원의 상징이기도 한 사과 한 조각을 가져와 꿀에 찍어 먹으며, 천천히 그 맛을 음미하는 시간을 가집니다. 이와 유사하게 자연의 달콤한 선물을 상징하는 꿀을 포함하여, 지구를 기념하는 당신만의 전례를 만들 수 있습니다. 또한, 당신 마음이 삶의 달콤함을 상기시켜야 할 필요가 있을 때 언제든지 꿀 한 숟가락을 드셔도 좋습니다.

시각예술 체험: 지구를 위한 전례

태평양 북서부의 이야기꾼이자 신화학자인 마이클 미드 Michael Meade (1944~)는 "우리의 노력이 지구나 다른 사람의 삶에 어떤 변화를 초래하는지 알 수는 없지만, 그럼에도 불구하고 노력을 기울이는 것 자체가 필수적이다."라고 말했습니다. 매일 절망적인 소식에 직면하더라도 영성 수련에 대한 우리의 헌신은 그 자체로 희망의 행위이고, 사물의 침묵 속에서 일어나고 있는 변화를 위한 기여입니다.

지구를 위한 전례를 만들도록 당신을 초대합니다. 당신에게 의미가 있는 기도문과 시들을 모아 두십시오. 지구의 고통을 슬퍼하고 애도하는 시간을 가지십시오.

당신을 지구와 연결하게 해 주는 음악을 재생하십시오. 창조에 관한 노래, 또는 혹등고래의 노래나 바다의 파도 소리와 같은 자연의 소리를 포함하십시오. 자연 세계에 대한 헌신을 당신의 몸으로 표현하는 전례 행위도 포함하십시오.

이런 전례가 자연스럽게 떠오르게 할 수도 있습니다. 자연 속에서 산책하면서 가슴속에 떠오르는 어떤 단어나 노래를 알아차리고, 지구를 위한 기도를 통해 어떤 몸짓을 하고 싶은 자신의 충동에 따라 슬픔의 순간에 잠기고 경이로움의 순간을 음미하는 것입니다. 이것을 미리 계획할 필요는 없습니다. 몸이 알아서 그 발견을 이끌도록 하면 됩니다.

글쓰기 체험: 창조를 위한 축복

각 장의 끝부분에는 우리의 이전 피정이나 온라인 피정 프로그램에 참여했던 참가자들이 쓴 창조에 대한 축복 기도문이 있습니다. 이제 당신도 직접 축복 기도문을 써 보기를 바랍니다. 야외에서 시간을 보내고, 어떤 단어가 떠오르는지 살펴보십시오. 축복은 하느님께서 베풀어 주신 것에 대해 감사하면서, 이미 축복하신 것들을 드높이는 방법입니다. 이것은 인정과 경이를 표현하는 행위입니다. 나뭇잎, 나뭇가지, 꽃, 돌과 창조물 하나하나에 대해 감사의 마음을 담아 축복 기도를 드려 보십시오. 자연의 이런 선물이 당신 가슴에 일으키는 찬양의 전례를 기념하십시오.

이전 참가자들의 시

거룩한 존재인 어머니 지구가 당신에게 주신
예상치 못한 길과 숨겨진 보물로 가득한,
여름비 내린 후의 촉촉한 풀밭과 비밀스러운 환상을
축복해 주시기를 바랍니다.

당신 삶이 무지개처럼 온갖 빛으로 펼쳐진
야생화 들판처럼 축복받기를 바랍니다.

레이스 같은 섬세한 잎이 있는 잡초라고 불리는 모든 풀 위에,
호기심 많은 벌레가 그 위를 기어다니기를 바랍니다.

당신의 희미한 공간이 치유되기를 바랍니다.
많은 문이 항상 당신을 향해 손짓해 부르기를,
기어오르는 덩굴 식물과 오래된 돌과 꽃들이
생명에 대한 사랑으로 피어나기를 바랍니다.
당신의 섬세한 꽃망울을 피우고 푸른 회색 하늘을 축복합니다.

- 크리스 데이비스(Cris Davis)

제가 당신께 제대로 감사 인사를 드린 적이 있나요?
심장에 많은 도움을 주는 풀 자매 디기탈리스digitalis여,
내 어린 아들뿐만 아니라
건강하지 못한 심장을 갖고 태어나 고통받는 아이들을 위해
당신이 봉사해 준 것에 대해, 제가 제대로 감사드린 적이 있나요?
당신이 축복받는 목적은
사랑스럽고 완벽하기는 하지만, 얼룩덜룩한 상처투성이인
그 존재들을 살아 있도록 해 주었기 때문입니다.

- 아니 터즈먼(Ani Tuzman)

레드우드여, 당신을 축복합니다!

성장해서 많은 씨앗을 제공하는 힘과 용기라는
당신 직무를 축복합니다.

들장미여, 당신을 축복합니다!
당신의 기쁨과 아름다움, 그리고
당신 곁을 지나가는 모든 이에게 달콤한 향기로 즐거움을 주며
천천히 우리 속도를 늦추게 하여,
우리 자신의 아름다움까지도 받아들일 수 있도록
상기시켜 주는 당신,
들장미를 축복합니다.

아침 노래와 춤으로 우리를 잠에서 깨우고
귀 기울일 수 있도록 도전하는 꿩을 축복합니다.
바람 속에서 춤추는 정원의 섬세한 꽃들을 축복합니다!
그 모든 다양성과 색깔을 위해 축복합니다.
치유와 지혜라는 선물을 주는 허브를 축복합니다!
허브의 향기와 사랑, 그리고 보호를 위해 축복합니다.

어린 시절 제게 사랑하는 법을 가르쳐 준
주목 나무를 축복합니다!.
그리고 주목 나무가 제공한 희망과 위안에 대해 감사합니다.

― 셰리 보먼(Sharie Bowman)

깨끗한 새 침대 시트를 축복하소서!
침대에서 저를 푹신하게 자리 잡게 해 주는
그 열린 마음과 포근한 포옹을 축복하소서!
끈질기면서도 공기처럼 가벼운 새의 노래를 축복하소서!
빛을 향해 손을 뻗어 나가는 미나리를 축복하소서!
나뭇잎을 흔들어 하늘로 올려 보내는 바람을 축복하소서!
내 영혼을 흔드는 이 돌풍을 축복하소서!
쓰러진 이 나무를 축복하소서!
잠재적인 간호사인 이 나무는 천천히 어머니 지구로 돌아가면서,
다른 존재들을 양육하고 영양소를 제공해 줍니다.

― 멜리타 보즈워스(Melitta Bosworth)

마무리 축복 기도

7장에서는, 지구가 원초적인 전례로서, 우리 주변에서 모든 창조물이 항상 하느님을 찬양하고 있다는 것을 탐구했습니다. 시편과 성경은 이 점에 대해 분명히 말하고 있으며, 자연에서 하느님께 올바른 영광을 드리는 법을 배우고 있는 것은 바로 우리 인간입니다.

평범한 비범함의 축복

축복하소서!
펼쳐지고 퍼져 나가는 원숭이 퍼즐 나무의 가지들을
축복하소서!
우리도 그들처럼 호기심과 삶의 풍요로운 갈망을
반영할 수 있기를 바랍니다.

축복하소서!
유연하게 날아다니는 제비의 날아오름을 축복하소서!
시간마다 일용할 양식을 찾는 그들을 위해,
우리도 그들처럼 자연의 풍요로움으로
양육될 수 있기를 바랍니다.

축복하소서!
밝은 빛으로 떨어지는 양귀비잎을 축복하소서!
기다리고 있는 영혼의 활기를 위해
우리도 그들처럼 고요함과 새로운 생명으로
안아 주기를 바랍니다.

축복하소서!

나무 위에서 초록빛으로 빛나는 이끼 낀 가지를 축복하소서!

삶과 죽음이 어우러져 얽혀 있는 가지에서.

우리도 그들처럼 삶과 죽음의 길을 인식하고

풍요롭기를 바랍니다.

축복하소서!

너무도 많은 것을 주는 큰 부추 꽃송이를 축복하소서!

완벽한 풍요로움이 드러나는 그 삶에서.

우리도 그들처럼 기꺼이 내려놓고,

자신의 선함을 나눌 수 있기를 바랍니다.

축복하소서!

하느님의 경이로움으로 가득 찬 이 지구의

모든 창조물을 축복하소서!

그 모든 것이 속해 있는 우리 지구에서,

우리도 그들처럼 날마다 기뻐하며

하느님이 선하신 분임을 알기를 바랍니다.

— 메리앤 앵커–피터슨(Marianne Anker–Peterson)

나가면서

하느님의 모든 창조물을 사랑하십시오.
그 안의 모든 모래 알갱이까지도 사랑하십시오.
하느님 빛의 모든 잎사귀와 모든 광선을 사랑하십시오.
동물들을 사랑하고, 식물들을 사랑하고,
모든 것을 사랑하십시오.
모든 것을 사랑하면,
사물 속에서 신적인 신비를 인식하게 될 것입니다…
혼자 있을 때 기도하십시오.
땅에 몸을 던져 입맞춤하십시오.
땅에 입맞춤하고,
끊임없이 타오르는 사랑으로 땅을 사랑하십시오.

— 표도르 도스토옙스키, 《카라마조프가의 형제들》○

○ Fyodor Dostoevsky, *The Karamazov Brothers* (Hertfordshire, UK: Wordsworth Editions, 2007), 352, 356. (표도르 도스토옙스키 지음, 김연경 옮김, 《카라마조프가의 형제들》, 민음사, 2012)

 우리는 생활 속 편리함에 아주 쉽게 익숙해지는 경향이 있습니다. 어두운 밤을 밝혀 주는 인공조명과 실내 온도를 조절하기 위한 냉난방 시설이 그렇습니다. 또한, 여행할 때 몇 시간 만에 바다를 건널 수도 있습니다. 모두 우리가 감사해야 할 좋은 것들입니다. 하지만 이 책을 마무리하면서, 이런 외부 세계로부터 자신을 차단하는 방식과 그 외부 세계가 우리에게 미치는 영향에 대해 좀 더 성찰해 볼 필요가 있을 듯합니다.

 우리의 삶은 또 다른 방식으로도 쉽게 익숙해집니다. 우리는 종종 다른 사람들을 기쁘게 하거나 그들의 기대에 부응하기 위해 살아갑니다. 그러다 결국 우리 자신이 하는 일이나 그 결과물로 우리의 가치를 판단하는 문화적 함정에 빠지게 됩니다. 중년기는 우리의 우선순위를 재평가하고, 각자가 받은 시간이라는 소중한 선물을 어떻게 보내야 할지 고민하는 시기입니다. 지위나 부와는 무관하게, 자연은 우리 마음속 깊은 곳에 있는 갈망을 일깨워 줍니다. 그 갈망은 우리의 존재와 신성 사이의 야생적인 경계를 탐색하는 것과 관련이 있습니다. 우리는 하느님 이미지에도 아주 쉽게 익숙해집니다. 하지만 창조세계에서 시간을 보내는 것은 새로운 생명을 불어넣고 우리 계획을 뒤흔드는 야생의 하느님을 우리에게 상기시켜 줍니다.

첫 번째 장에서, 제가 초대했던 창조물의 삶에 함께 참여하는 수행으로 잠시 돌아가 봅시다. 피부가 풀에 접촉할 때의 느낌, 창조물과의 친밀함, 그리고 그것이 불러일으킨 감정을 다시 떠올려 보십시오. 가능하다면 그 체험으로 돌아가 보십시오.

식물과 동물들이 살아 숨 쉬는 야외에서 존재하는 시간에 단순하게 자신을 맡기도록 하십시오. 당신의 가슴이 그들의 노래를 받아들이도록 하십시오. 당신의 몸도 함께하도록 하십시오.

도스토옙스키의 말은 제가 우리 각자에게 바라는 사치에 관해 이야기합니다. 무엇이든 그토록 아낌없이 사랑한다는 것은 어떤 기분일까요? 그토록 완전히 자신을 부드럽게 하면, 우리는 어떻게 변화할 수 있을까요? 땅에 몸을 던지고 입맞춤하는 것은 어떤 기분일까요?

서론에서 저는 찰스 아이젠스타인의 '사랑의 혁명'을 향한 호소를 공유했습니다. 그 길만이 우리의 가슴 깊이 사랑이 뿌리내릴 수 있는 유일한 방법이라고 믿습니다. 신비주의자들의 이야기는 그

길을 보여 줍니다. 신학은 우리를 끝없는 분석에 빠뜨립니다. "우리 앞에 놓인 첫 번째 과제로서 신학이 도울 수 있는 과제는 모든 존재를 그 창조됨으로 연합하여 재구성하는 것이다. 서로를 동반자로 '태양과 다른 별들을 움직이는 사랑의 성사'로서 주어진 존재로 보는 것이다."○

이것은 경계 안에 갇힌 사랑이 아니라, 우리 가슴 깊은 곳에서 우러나오는 사랑, 창조적이고 자발적으로 솟아오르는 야생의 사랑입니다. 지구와 지구의 창조물들이 너무나 자유롭게 드러내는 야생의 본능은 우리 자신의 본능적인 존재를 일깨워 줍니다. 그것은 우리가 가장 생동감 있다고 느끼고, 가장 창의적이며, 가장 자유로움을 느끼는 부분입니다.

토마스 베리는 이렇게 썼습니다. "우선 우리는 우주가 객체들의 집합이 아니라 주체들의 친교임을 이해해야 한다. 이것은 우리가 전체 자연 세계와의 원초적인 친밀함을 회복해야 한다는 것을 의미한다. 우리는 자연 세계에 속해 있다."○○

○ Rev. Michael J. Himes and Rev. Kenneth R. Himes, O.F.M., "The Sacrament of Creation: Toward an Environment Theology," *Commonweal*, January 26, 1990.
https://www.commonwealmagazine.org/sacrament-creation-toward-environmental-theology.

○○ Thomas Berry, "The Universe Story," in *The Greening of Faith: God, the Environment, and the Good Life* (Durham Press, NH: University of New Hampshire Press, 2016), 215.

사랑의 혁명, 우리를 둘러싼 세계와의 원초적인 친밀함을 회복하는 것, 우리 내면의 야생성을 되찾는 것, 이것이 우리가 부르심을 받은 거룩한 길입니다. 이 길은 생각으로 접근할 수 있는 것이 아니라, 가슴의 갈망에 따라 우리 몸을 굴복할 때만 나아갈 수 있는 길입니다.

새로운 성령 강림

존 필립 뉴얼은 저서 《새로운 조화 A New Harmony: The Spirit, the Earth, and the Human Soul》에서 우리가 지구와의 친밀함을 깨닫는 인간의 이런 각성을 '새로운 성령 강림'이라고 묘사합니다.º 이런 일이 매 순간 우리 주변에서 일어나고 있습니다. 창조세계와의 결속을 인식함에 따라, 우리는 성령의 영감을 통해 계속해서 새롭게 창발하고 있습니다. 우리가 창조세계와 분리되어 있는 존재가 아니라, 오히려 땅에 뿌리내리고 있는 야생의 존재라는 사실을 깨닫고 있습니다. 전례부터 시작하여 일상의 기도, 성소 공간, 그리고 성경에 이르기까지, 그 모든 영적 여정에 대해 지구가 우리에게 가르쳐 줄 것이 아

º John Philip Newell, *A New Harmony: The Spirit, the Earth, and the Human Soul* (SanFrancisco, CA: Jossey-Bass, 2011), xiii.

주 많다는 것을 발견하고 있습니다. 지구는 우리를 지지하기 위해 우리 곁에 존재합니다. 우리는 지구와 친교를 맺기만 하면 됩니다.

뉴얼은 "인간의 영혼에서 새롭고 거대한 성령 강림이 일어나고 있다. 어떻게 그것을 섬길 것인가?"°라는 질문을 던집니다. 제가 제안하는 한 가지 방법은, 자신의 야생성을 포용하는 것입니다. 성령은 이 세계에서 활동하는 이 야생 에너지의 정수精髓이며, 경계를 허물면서 우리가 알고 있는 삶의 가장자리로 우리를 이끌어, 그 너머에 있는 새로운 곳으로 나아가게 하십니다. 관상가이자 영적 구도자로서 우리의 과업은 야생적 본성이라는 영적 힘을 회복하는 것입니다.

존 발터스 페인트너의 성경 묵상

오순절과 성령 강림(사도행전 2, 1~31)

오순절이 되었을 때 그들은 모두 한자리에 모여 있었다.
그런데 갑자기 하늘에서 거센 바람이 부는 듯한 소리가 나더니,

○ Newell, *A New Harmony*, xiv.

그들이 앉아 있는 온 집 안을 가득 채웠다.
그리고 불꽃 모양의 혀들이 나타나 갈라지면서
각 사람 위에 내려앉았다.
그러자 그들은 모두 성령으로 가득 차,
성령께서 표현의 능력을 주시는 대로
다른 언어들로 말하기 시작하였다.

— 사도행전 2, 1~4

사람들은 대부분 오순절을 그리스도교 교회의 탄생으로 알고 있습니다. 그리스도교 달력에서 이 거룩한 날은 사도들이 성령으로 충만해져 처음으로 복음 메시지를 공개적으로 선포한 시간을 기념합니다. 우리는 열두 제자가 숨어 있던 곳을 떠나 예루살렘에 모인 군중 사이로 나간 그날을 기념합니다.

그날 다윗의 거룩한 도시 예루살렘에는 전 세계 각지에서 모인 유대인들이 있었습니다. 그들은 유대인의 고유한 종교 축제인 '샤부오트Shavuot'를 축하하기 위해 모였습니다. 이 유대인의 주간 축제(유월절 후 7주)는 이집트 탈출 때 시나이산에서 모세에게 토라가 주어진 것을 기념합니다. 농업적으로 볼 때, 몇몇 주요한 유대 축제는 연중 농업 행사와 관련이 있습니다. 오순절은 첫 열매 수확의 시기입니다. 예수 시대 경건하게 율법을 준수하던 유대인들은 그 수확의 십일조를 성전으로 가져갔습니다. 따라서 이 특별한 날에 예루살렘에는 대규모의 국제적인 유대인 모임이 있었습니다.

로마가 성지를 점령하기 전에도, 유대인들은 몇몇 침략자에 의해 여러 차례 정복되었고 세계 각지로 흩어졌습니다. 서기 1세기에도 아브라함과 사라의 후손들은 흩어진 민족이었습니다. 여러 세대를 거치면서 흩어진 이 유대인들은 각자 새로운 고향의 다양한 언어와 관습에 서서히 적응했습니다. 그럼에도 불구하고, 그들 중 많은 유대인이 이런 특별한 종교 행사를 위해 계속 예루살렘으로 돌아왔습니다.

오늘날에도 그리스도교 교회의 구성원인 전 세계 신자 공동체를 분리하게 하는 것은 상당히 많습니다. 하지만 우리의 신앙, 즉 본향으로 돌아가려는 영적 여정은 우리를 하나로 묶어 줍니다.

〈사도행전〉은 그리스도의 승천으로 시작합니다. 이미 부활이 일어났고, 예수님은 유대 지역에서 제자들과 시간을 보냈습니다. 사도들은 유다 이스카리옷의 후임자를 선택했지만, 대부분 여전히 숨어 지내고 있습니다. 사도들의 주요 관심사는 체포와 처형의 가

- 샤부오트는 원래 밀 추수기의 시작을 알리는 농경 축제였다. 성전 시대에는 추수한 햇곡식과 새로운 밀로 만든 빵 두 덩어리를 성전에 바쳤다. 랍비 시대에 와서 샤부오트는 시나이산에서 율법을 받은 사건과 연관되어져, 토라를 읽게 되었다. 이때부터 토라를 공부하고 〈룻기〉를 읽는 것이 관습이 되었다. 이 절기는 유월절에 한 다발의 추수한 곡물을 바친 뒤 7주 또는 50일째 되는 날에 지켜지기기 때문에 그리스어 펜테코스테(pentēkostē, 50번째)에서 유래한 펜테코스트(Pentecost, 오순절)라고 부르기도 한다.

능성이었습니다. 사도들은 예수님에 대한 믿음을 회복하기는 했지만, 그에 대해 행동을 취할 용기는 부족했습니다.

그렇게 지내던 어느 날, 즉 거룩한 샤부오트 축제 날에 사도들은 두려움이 가득했던 모습에서 성령이 충만한 모습으로 변화합니다. 거센 바람 소리가 사도들의 거처로 들어와 사도들의 의심과 두려움을 날려 버립니다. 그렇게 사도들 각자의 머리 위에는 불의 혀 모습으로 나타난 하느님의 에너지가 가득 찬 공간이 생깁니다. 새롭게 들어오신 성령은 사도들을 숨어 있던 곳에서 끌어내어 공적인 장소로 나아가게 합니다.

사도들이 너무 열정적이었으므로, 군중 중 한 사람은 사도들이 술에 취했다고까지 말합니다. 이것은 단순한 비웃음이 아닙니다. 베드로는 이런 비난에 대해 어쩔 수 없이 해명해야 할 강박감을 느낍니다.

바람과 불꽃 모양 혀의 이미지를 해석하는 또 다른 방법은, 성령이라는 바람이 잠긴 방 안으로 불어 들어와 사도들에게 오는 모습을, 에덴동산에서 흙으로 지어진 최초의 인간에게 생명을 불어넣으신 하느님의 반영으로 비유하는 것입니다. 저는 사도들의 변화를 이런 요소로 상징하는 것을 정말 좋아합니다. 소심한 추종자에서 담대한 선포자로의 변화를 상징하는 이 요소들은 참으로 인상적입니다. 사도들은 하느님의 야생적인 영으로 가득 차고, 스스로 설정한 경계를 넘어서서 새로운 경계로 나아갑니다.

우주의 춤으로 들어가기

주님은 당신 창조의 정원에서 놀이하면서 즐기십니다.
만일 중요하다고 생각하는 그 모든 것의 의미에 대한
집착을 내려놓을 수 있다면,
우리는 하느님의 부르심을 듣고
하느님의 신비로운 우주적인 춤에 따라갈 수 있을 것입니다.
(…)
우리는 의도적으로 자신을 잊고 거만한 권위를 바람에 날려 보내고,
모두 함께 어우러져 그 우주적인 춤을 추는 데 동참하도록
초대받았다는 사실을 잊지 마십시오.

— 토머스 머튼, 《새 명상의 씨》○

이것은 이 책을 통해 앞으로 나아가려는 여정에 끊임없이 계속되는 초대입니다. 당신을 통해 삶의 위대한 춤이 계속 흐르도록 하십시오. 그 춤이 찬양이 위대한 성소인 창조세계에서 시작되었다

○   Thomas Merton, *New Needs of Contemplation* (New York: New Directions Books, 1961), 296. (토마스 머튼 지음, 《새 명상의 씨》, 315~316쪽)

는 것을 인식하십시오. 계절의 춤이 당신 재능의 충만함과 당신 존재의 조용한 휴식을 느낄 수 있도록 허락하십시오.

머튼은 하느님을 '춤의 주님'으로 묘사합니다. 머튼은 우리가 집착하고 분석하는 것들은 아마도 하느님이 별로 중요하지 않다고 생각하시는 것들이라고 보았습니다. 이 우주적인 춤은 우리의 자기의식과 다른 사람들이 우리를 어떻게 인식하는지에 대한 걱정을 넘어, 우리 자신을 잊어버리고 춤이 가져다줄 수 있는 자유와 기쁨을 발견하도록 우리를 부르고 있습니다.

이 책을 마무리할 때쯤, 희망적인 상황이 많이 늘어났습니다. 영국과 아일랜드 공화국이 기후 비상사태를 선언한 최초의 두 나라가 되었습니다. 기후 위기에 맞서기 위해 청소년 운동을 시작한 용감하고 영감을 주는 젊은 여성 그레타 툰베리의 메시지가 점점 더 많은 인정을 받고 있습니다. 또한, 태양광과 풍력과 기타 기술들이 그 어느 때보다 빠른 속도로 발전하고 있고, 설치량도 그 어느 때보다 많아지고 있습니다. 기후변화에 대한 긍정적인 대응책의 움직임이 일어나고 있으며, 이 책이 출간될 때쯤에는 더 많은 진전이 있기를 바랍니다.

마무리 축복 기도

여정을 이렇게 마무리하지만, 이 여정이 새로운 시작, 즉 성령 강림이자 사랑과 철저한 봉사로의 부르심이 되기를 희망합니다. 저의 가장 깊은 기도는 우리 각자가 사랑으로 불타오르는 마음을 가지고, 앞으로 더 나아가 지구와의 친밀함을 더욱 깊게 하고, 지구가 우리에게 하느님의 소망에 대해 가르치는 깊은 방식을 인식하는 것입니다.

> 우리가 이 아름다운 지구에 속해 있다는
> 사실을 항상 기억하게 하소서.
> 지구가 우리 슬픔을 받아주고,
> 우리와 기쁨을 나누기를 바랍니다.
> 우리 진리에 깊이 뿌리내려,
> 키 크고 강한 나무처럼 튼튼하게 성장해서
> 도움이 필요한 모든 이에게 피난처를 제공할 수 있게 하소서.
>
> 우리 은사를 기꺼이 받아들이고,
> 비가 내리는 것처럼 자유롭게 다른 사람들과
> 나눌 수 있게 하소서.
> 그리고 항상 감사할 수 있기를 바랍니다.

우리가 사랑으로 양육되어 번성하는 꽃처럼 빛나고
자연스럽게 향기로운 존재가 되기를 바랍니다.
공기가 좋고 신선하며 생명을 주는 곳으로 항상 이끌리게 하여
영혼이 살아나고 자유롭게 숨 쉴 수 있게 하소서.

부드러움과 사랑에 대한 우리 열정이 불타오르고,
모닥불의 격렬한 불꽃과 친절한 영혼들의 즐거움으로
타오르게 하소서.
우리 각자가 새들이 노래하는 것처럼
찬양의 노래를 부를 용기를 내어
어디에 있든, 우리 노래가 함께 울려 퍼지게 되기를 바랍니다.

— 펄리시티 콜린스(Felicity Collins)

감사의 말씀

책을 쓰는 작업은 수많은 독서와 대화, 그리고 깊은 사색을 한 그 결과물인 책을 출판하는 것으로 끝납니다. 특히 이 책은 숲속을 걷고, 산을 오르고, 바다에서 수영하고, 정원 가꾸기에 보낸 수많은 시간의 결실입니다.

특히 오랫동안 함께한 교육 파트너이자 소중한 친구인 벳시 베크만Betsey Beckman에게 감사드립니다. 벳시는 이 자료를 여러 버전으로 변형해서 오랜 시간 공동으로 저와 함께 (오프라인과 온라인) 피정을 이끌었습니다. 또한, 이런 아이디어에 몰입하기를 갈망한 피정 그룹들, 그리고 그들이 나누어 준 성찰에 대해서도 감사드립니다. 아울러 이 책에 자신의 시를 기꺼이 공유해 준 분들께 큰 감사를 드립니다.

이런 책은 자연과의 연결이라는 살아 있는 체험에 헌신할 것을 요구합니다. 저는 아일랜드 야생의 가장자리에 살면서 이런 혜택을 누릴 수 있었습니다. 바다가 우리 집 창밖으로 펼쳐져 있고, 만 건너편에는 산이 있으며, 차를 타고 조금만 나가면 우거진 숲이 있는 놀랍도록 아름다운 장소입니다. 아일랜드는 이렇게 매우 원초적인 장소이며, 제게 많은 것을 선물해 주었습니다.

아베 마리아 출판사라는 훌륭하고 놀라운 팀에게 진심으로 감사드립니다. 이 책은 제가 아베 마리아 출판사와 작업한 일곱 번째 책(전체적으로는 저의 열세 번째 책이지만)입니다. 편집자인 앰버 엘더 Amber Elder와 책 제작에 참여한 모든 분께 깊은 감사의 마음을 전합니다.

마지막으로, 올해로 결혼 25주년을 맞이하는 사랑하는 제 남편 존에게도 가슴 가득한 감사를 전합니다. 존은 항상 제 곁을 지키면서 응원해 주었습니다. 어떤 상황에서도 저를 지지해 준 당신을 헤아릴 수 없을 만큼 사랑합니다.

추천 도서

Abram, David. *Becoming Animal: An Earthly Cosmology*. New York: Vintage Books, 2010.

_____. *The Spell of the Sensuous: Perception and Language in a More-Than-Human World*. New York: Vintage Books, 2010.

Atkins, Sally, and Melia Snyder. *Nature-based Expressive Art Therapy: Integrating the Expressive Arts and Ecotherapy*. London: Jessica Kingsley Publishers, 2018.

Berry, Thomas. *The Great Work: Our Way into the Future*. New York: Bell Towers, 1999.
토마스 베리, 《위대한 과업: 미래로 향한 우리의 길》. 대화문화아카데미, 2009.

_____. *The Sacred Universe: Earth, Spirituality, and Religion in the Twenty-First Century*. New York: Columbia University Press, 2009.

Chase, Steven. *Nature as Spiritual Practice*. Grand Rapids. MI: Wm. B. Eerdmans, 2011.

Christie, Douglas. *The Blue Sapphire of the Mind: Notes for a Contemplative Ecology*. Oxford: Oxford University Press, 2013.

Jung, C. G. *The Earth has a Soul: C.G. Jung on Nature, Technology, and Modern Life*. Edited by Meredith Sabini. Berkeley, CA: North Atlantic Books, 2002.

Kopytin, Alexander, and Madeling Rugh. *Environmental Expressive Therapies: Nature-Assisted Theory and Practice*. New York; Routledge, 2017.

London, Peter. *Drawing Closer to Nature: Making Art in Dialogue with the Natural World*. Boston: Shambhala, 2003.

Merton, Thomas. *When the Trees Say Nothing: Writing on Nature*. Edited by Kathleen Deignan. Nortre Dame, IN: Ave Maria Press, 2015.

Olsen, Andrea, and Caryn McHose. *Body and Earth: An Experimental Guide*. Lebanon, NH: University Press of New England, 2002.

Plotkin, Bill. *Nature and the Human Soul: Cultivating Wholeness and Community in a Fragementel World*. Novato, CA: New World Library, 2007.
빌 플롯킨, 《자연과 인간 영혼: 분열된 세상에서 온전함과 공동체를 키우기》. 기쁜 소식, 2011.

_____. *SoulCraft: Crossing into the Mysteries of Nature and Psyche*. Novato, CA: New World Library, 2003.

_____. *Wild MInd: A Field Guide to the Human Psyche*. Novato, CA: New World Library, 2013.

Stanley, Bruce. *Forest Church: A Field Guide to Spiritual Connection with Nature*. Vestal, NY: Anamchara Books, 2014.

Stanly, Bruce and Steve Hollinghurst, eds. *Earthed: Christian Perspectives on Nature Connection*. Llanguring, UK: Mystic Christ Press, 2018.

Sweeney, Theresa. *Eco-Art Therapy: Creative Activities That Let Earth Teach*. Self-published, 2013.

Thompson, Claire. *Mindfulness and the Natural World: Bringing Our Awareness Back to Nature.* London: Leaping Hare Press, 2018.

Thompson, Mary Reynolds. *Embrace Your Inner Wild: 52 Reflections for an Eco-Centric World.* Ashland, OR: White Cloud Press, 2011.

—————————. *Reclaiming the Wild Soul: How Earth's Landscapes Restore Us to Wholeness.* Ashland, OR: White Cloud Press, 2014.

Waddell, Helen. *Beasts and Saints.* London: Constable, 1946.

지구 수도원

초판 1쇄 인쇄 | 2025년 10월 17일
초판 1쇄 발행 | 2025년 10월 25일

지은이 크리스틴 발터스 페인트너
옮긴이 맹영선
책임편집 손성실
편집 조성우
디자인 권월화
펴낸곳 생각비행
등록일 2010년 3월 29일 | 등록번호 제2010-000092호
주소 서울시 마포구 월드컵북로 132, 402호
전화 02) 3141-0485
팩스 02) 3141-0486
이메일 ideas0419@hanmail.net
블로그 ideas0419.com

ⓒ 생각비행, 2025
ISBN 979-11-92745-60-2 03200

책값은 뒤표지에 있습니다.
잘못된 책은 바꾸어 드립니다.